科学的アプローチで
勉強がとまらなくなる

ストレスフリー勉強法

Keitaro Kumehara
粂原圭太郎

ダイヤモンド社

はじめに

脳科学的に正しい方法だから誰でも〝無理なく〟結果につながる！

土日勉強しない人に、「朝食後に図書館の壁にタッチしに行く」というルーチンを設けたら

平均勉強時間が３倍にアップ！

帰宅後、スマホをだらだら見てしまう人に「着替える前に10分勉強する」ことを約束事にしたら、

10分どころか１時間以上勉強するように！

勉強を始めるのに腰が重い人に、寝る前に翌日勉強する教材を机の上に広げておくようにすすめたら、

起きてすぐの勉強がスムーズに！

ほんの一例ですが、**どれも科学的に正しいとされる方法を応用して、勉強する習慣につなげたもの**です。

言われた本人たちは、勉強効率にどう関係するのか、成績アップにどうつながるのか、まったくわからずに実践したことでしょう。

なぜ、勉強効率がアップし、成績を伸ばすことができたのでしょうか。

私は中学生の頃、「勉強法」という分野に出合い、強烈に興味を惹かれました。「実践すれば誰でも効率よく勉強できる」という点に大きな魅力を感じ、人生の攻略本を手にしたかのような気分になったからです。

中学・高校時代には約５００冊の勉強に関する本を読み、自分に合うものを取り入れていきました。そのかいあってか、京都大学の経済学部に現役でトップ合格することができました。この経験を活かし、２０１０年からオンラインで全国各地の人にマンツーマンで勉強を教えています。現在では脳科学、心理学、行動経済学など幅広い分野の知識を取り入れ、１５００冊以上の書籍や論文を読み、学習指導に磨きをかけています。

それから、十数年、私が運営する完全個別オンライン指導塾「となりにコーチ」は、**成**

績アップ率95・7%を誇っています（２０２４年8月現在）。この驚異的な実績をもたらしているのが、本書でご紹介する門外不出の「ストレスフリー勉強法」です。

これまで私は、小学生から大学生、社会人まで幅広い年齢層の方々に指導してきました。本書では「生徒」や「学生」という表現が混在していますが、老若男女関係なく、ほぼ目標達成に役立つ内容です。

指導を通じてわかったことがあります。**成績が上がらない人の共通点は「大きなストレス」を抱えている**ということ。学校の宿題、部活、人間関係、家族関係、仕事、転職など、その要因はさまざまですが、皆さん何かしらのストレスを抱えています。

現代は高度な情報化社会です。ほとんどの人がスマホを持ち歩き、インターネットに常時接続した状態で生活しています。ドイツのライプニッツレジリエンス研究所のマリアンヌ・ミュラー教授の研究では、ネットに常時接続されていることが精神的なストレスを増加させるということが明らかになりました。このストレスの怖いところは、自覚症状が少ないことです。息抜きのつもりでスマホを眺めることで、かえってストレスを溜め込んでしまう場合も多いのです。

現代社会では、多くの人がストレスに悩まされ、そのストレスが勉強の効果を著しく低下させています。しかし、その事実に気づいていない人が多いのです。私自身、個人だけの勉強なら気づかなかったことかもしれません。

私がほかの先生たちと大きく異なる点は、**勉強をただ教えるだけでなく、ストレスへの対処法を一緒に考え、実践してもらうことに重点を置いたこと**です。その結果、成績は飛躍的に向上しました。

冒頭に登場した3人は、どうでしょうか。勉強ができなかった人たちが自ら勉強する習慣を身につけて、「東大！」「京大！」とはいかずとも、それぞれ希望していた慶應大学、北海道大学、ＩＣＵへと進学しました。その他にも、ＴＯＥＩＣ®の点数を１か月で２００点以上アップさせた人や、７年間合格できなかった税理士試験に合格した40代の方など、多くの方が無理なく成果を出しています。

本書では、膨大な書籍や海外論文の学習、自身での実践を経て、15年間で1000人以上の方に指導してきた経験を余すところなく詰め込んでいます。

序章では、ストレスがどれほど脳に悪影響を与えているかを解説します。

第1章は、「ストレスフリー勉強法」の根幹に入ります。最新の研究で判明している超効果的な8つの方法を解説し、第2章で勉強を継続するための科学的な習慣化メソッドを紹介します。

第3章では、休息と睡眠について取り上げます。誰しも毎日必ず睡眠を取っていますが、この睡眠が脳にどれほど影響を与えているかを意識している人は少ないからです。

第4章では、勉強と食事、運動の関係について詳しく見ていきます。私たちの「脳」も体の一部です。ここで解説していることを実践することで、さらに「ストレスフリー」で効率的な勉強が可能になります。

第5章では、「ストレスフリー勉強法」に欠かせない「マインド面」についてお伝えします。

現代は高度な情報化社会だと述べました。誰もが情報発信者となり、簡単に情報にアクセスできる時代です。そのため、刺激的な内容が注目を集め、「一瞬で覚えられる」「10分の1の勉強時間で」といった再現性に乏しい情報が氾濫しています。それらと比べると、インパクトに欠けるかもしれませんが、本書で紹介する**「ストレスフリー勉強法」は、最新の脳科学に裏付けられた、誰でも必ず効果が出る勉強法**です。

できる限りわかりやすく、実践しやすくまとめました。ぜひ本書の内容を実践し、その威力をご自身で確かめてください。

序章
なぜ、ストレスをなくすと勉強で成果を出せるのか?

第1章 ストレスフリーで成果が出る効果抜群の8つの方法

第2章

一度身についたら消えない勉強の習慣化

第3章

勉強効率が爆上がりする休息と睡眠

アイコン● Roaayala / Shutterstock　photo● adobe stock

序章

なぜ、ストレスをなくすと勉強で成果を出せるのか？

勉強の最大の敵は「誘惑」ではなく「ストレス」だった

成績がよい人と悪い人の違いはどこにあると思いますか?

生まれ持った才能やセンス?

努力の量?

恵まれた環境?

成績がよい人とそうでない人の違いは一言で表すことができます。

「勉強に対するストレスの量」

スタンフォード大学心理学科のアンソニー・ワグナー教授は2020年、成人を対象にストレス条件下と非ストレス条件下で実験を行ない、ストレスが記憶と計画能力に与える影響を調査しました。

参加者は厳しい制限時間のなか、社会的評価を伴う課題を通じてストレスを誘発され、その後、過去の記憶に基づいた計画を立てるタスクを実行しました。この過程で、fMRI（磁気共鳴機能画像法）を用いて脳の活動を観察しました。

結果、ストレス条件下では参加者が記憶に基づいて計画を立てる能力が著しく低下することが明らかになりました。

つまり、ストレスがかかると、以前に学んだ情報を適切に活用できなくなり、問題解決力が低下するのです。

ストレスがある状態での勉強では、努力に伴った結果を得ることができません。わるい結果がさらなるストレスの原因となり、ストレスと勉強の間に悪循環が生まれるのです。

私は長年、勉強のパフォーマンスを最大化できるように指導してきました。

勉強に向き合う姿は一人ひとり違っていて、まさに十人十色。しかしその中で、**成績のよい人たちには、「勉強を楽しんでいる」という共通点がありました。**

ストレスを感じにくい人は勉強を楽しめます。

そして、勉強をつらく思わない人は成績がどんどん伸びていきます。

勉強で成果を出すには、ストレスのかからない勉強法が必要なのです。

ストレスで頭が悪くなる理由

私たちが日常で感じるストレスは、単に気分を害するだけでなく、脳にも甚大な影響を及ぼします。特に、新しいことを学ぼうとするとき、ストレスは大敵です。

ハーバード・エクステンション・スクールで教鞭を執っていたマーガレット・ムーア氏（現在はクイーンズ大学教授）は、ストレスが脳の**「エグゼクティブ機能」**に悪影響を及ぼすと言います。エグゼクティブ機能とは、私たちが目標を立て、計画を練り、問題を解決するために使う、脳の高度な機能のことです。これには、情報を一時的に記憶しておく**「ワーキングメモリ」**や、集中したり注意を切り替えたりする**「認知制御」**などが含まれます。

ワーキングメモリは、新しい情報を一時的に保持する能力のこと。勉強する際、非常に重要な機能です。

あなたが、今まさにこの本を読んでいるときも、ワーキングメモリを使っているのです。人は目で追っている一文だけを読んで、意味を理解しているわけではありません。

「なんだかお腹が空いた。すぐに出かけよう」

たった2文からなる文章にも、ワーキングメモリを使い、文脈を捉えて、意味を判断しています。

「すぐに出かけよう」という文を読んで、「ああ、この人は筋トレに行くんだな」と思う人はまずいないでしょう。前文の「お腹が空いた」という内容を、ワーキングメモリに保存したうえで読んでいるので、「この人はレストランに行くのか。はたまた食料の買い出しに行くのか」と考えるはずです。ワーキングメモリがなければ、文章を理解することはできません。

次に、「認知制御の低下」について考えてみましょう。認知制御とは、注意力を維持する力のこと。認知制御が低下することで、勉強中に気が散りやすくなります。

教科書を読みながら、「そういえば、今日の晩ご飯、何だろう?」などと考えてしまったり、本棚にある漫画に注意が向いてしまったりしては、勉強どころではありません。大きなストレスを抱えている状況下では、いつもより晩ご飯のことが気になるし、漫画を一気読みしたい誘惑に敗北しやすくなるわけです。

勉強をする際、新しい情報を効率よく頭に入れ、理解する必要があります。しかし、ストレスによってワーキングメモリや認知制御が低下すると、新しい情報を記憶することや、集中して勉強することが難しくなります。これは、勉強内容をうまく処理できないことを意味し、結果的に効率が落ち、成績にも影響を与えることになります。

そもそも、ストレスって何だ？

もう少し、ストレスについて理解を深めておきましょう。**ストレスの性質を理解することは、ストレスへの対処法を見つけるうえで非常に重要**だからです。

一般に、ストレスは「急性ストレス」と「持続性・慢性ストレス」の2種類に大きく分けられます。

「急性ストレス」は短期間に現れるストレス反応で、通常は特定のイベントや状況に直面したときに生じます。明日のテストに備えての最後の勉強や、大勢の前での発表直前に感じる緊張などがこれにあたります。

急性ストレスは一過性のもので、原因となるイベントが終われば通常はすぐに解消されます。このタイプのストレスは、適度であれば集中力を高める効果がありますが、過度になると心身の不調を引き起こし、勉強の効率を下げる原因になります。

一方、「持続性・慢性ストレス」は、より長期間にわたり続くストレスです。これは、試験期間、継続的な学業や仕事のプレッシャー、家庭内の問題など、日常生活の中で長く続くストレス要因によって生じます。

持続性・慢性ストレスは、不安、疲労、集中力の低下、勉強意欲の減退など、勉強に対するネガティブな影響を及ぼします。心身の健康に深刻な影響を与える可能性があり、ストレス原因が長期間解消されない場合、学習障害やうつ病などを引き起こすリスクも高まります。

ストレスの影響を受けやすい人

ストレスは大人にとっても深刻な問題ですが、若い人はより大きな影響を受けます。なぜなら、彼らは身体的・精神的にまだ成長過程にあり、ストレスに対処するための能力も発達途上だからです。

人間の脳、特に**「前頭葉《ぜんとうよう》」**は、感情の調節やストレスへの対処に重要な役割を果たしています。また、意思決定、問題解決などの複雑な認知行動も担当しています。

オックスフォード大学のシニア・リサーチ・フェローであるジョナサン・CW・ブルックス氏らは、さまざまな年齢層の被験者を対象に、MRIなどの先進的な画像技術を用いて脳の構造を詳細に観察しました。

その結果、前頭葉は20代前半まで発達を続けることがわかったのです（これには個人差があり、25歳頃まで続くという研究や、30歳を超えても成長しているという例もあります）。

前頭葉が発達を続けている。つまり、「脳が不安定」であるということ。若い人の脳がストレスの影響を受けやすいことは、致し方ないことです。特に、勉強そのものがストレスの要因になっている場合、その傾向は顕著になります。ストレス耐性がまだ成熟していない脳で、ストレスのかかる作業をしているわけですから、至極当たり前の話なのです。

また、昔（少なくとも、私が高校生の頃）と比べて、ストレスにさらされやすいのではないでしょうか。その理由の一つが、ＳＮＳです。Instagram やX（旧 Twitter）、TikTok などのプラットフォームで友人や有名人の投稿を見ては、自分と他者を比較してしまいます。この「比較文化」は、自尊心を低下させ、学業に対するモチベーションの喪失を引き起こす要因になります。さらに、勉強への集中を妨げ、勉強効率を低下させる大きなストレッサーとなるのです。

学力の比較は、大きなストレス源です。友人が自分よりもよい成績を取ったと知ると、自己肯定感の低下を感じることがあります。

ストレスの悪循環を断ち切る

「勉強がうまくいかない」ことも、ストレス要因の一つです。親の期待に応えられないと感じたり、自分が努力しても成果が出ないと感じたりすることは、強いストレスを引き起

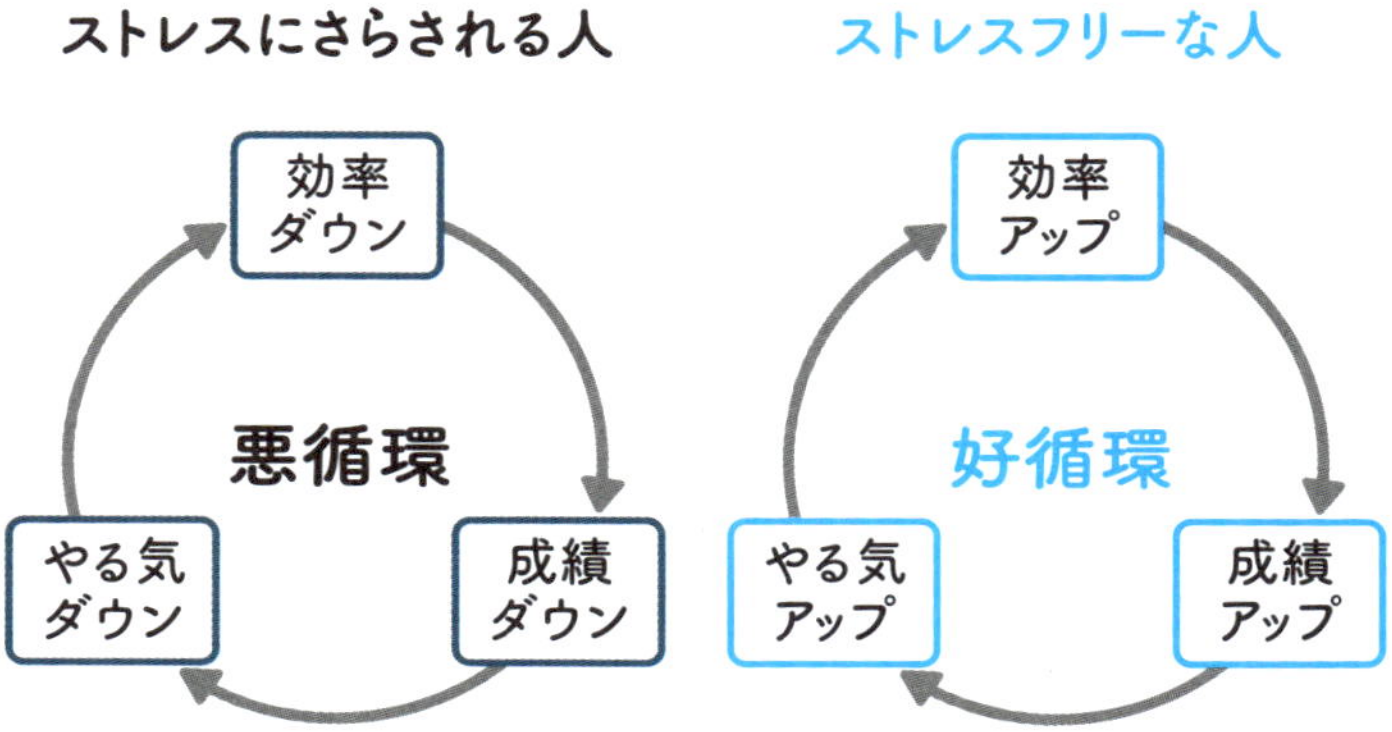

こします。周囲から期待されている場合、プレッシャーは倍増します。適度なプレッシャーであれば、それを力に変えられる人もいるでしょう。

しかし、多くの人が焦りや不安に襲われ、集中力を低下させる悪循環を生むのです。

勉強を心からやりたくないという人は稀です。親御さんに塾に無理やり連れてこられた生徒でさえ、心の奥底では「頑張れるなら頑張りたい」「勉強ができるようになりたい」という気持ちがある場合がほとんどです。

もともと勉強が嫌いな人なんていません。勉強を嫌いにさせる環境があるだけなのです。

本書は、**勉強に関するストレスを最小限に抑えること**を目的としています。ストレスのない、もしくは、ストレスを感じにくい、「ストレスフリー勉強法」を取り入れることで、**勉強に対する新たな見方を発見し、勉強への取り組み方を根本から改善することが可能になるのです。**

第1章

ストレスフリーで成果が出る効果抜群の8つの方法

効果的な勉強法を習得するには

序章では、「なぜ、ストレスをなくすと勉強で成果を出せるのか?」について紹介しました。

勉強において、「必ずこうするのが正解」という決まりはありません。ただし、脳の仕組み上、多くの人が効果を発揮しやすい勉強法は確実にあります。

ここでは、脳科学・心理学分野のこれまでの研究から、勉強に有効とされている勉強法についてわかりやすく紹介します。勉強の効率化を促しながらストレスを軽減させる勉強法です。

大事なのは、ストレスなくすいすい勉強することです。

これから紹介する勉強法は成果が出たものです。順番が大切なので、はじめから順に読んでみてください。

勉強の真のゴールはどこか？

勉強法を知る前に、勉強のゴールのピントを合わせましょう。勉強とは、ただ知識を蓄えることではありません。**真のゴールは、学んだことを実際に社会や日常生活で活用できる状態にすること**です。

勉強のプロセスは、「理解」「暗記」「表現」の3段階に分けられます。

第1段階は**「理解」**です。新しい情報や概念に触れ、それが何を意味しているのかを把握することです。しかし、この段階では、知識はまだまだ表面的なもの。試験で問われても、答えられるかどうかはわかりません。

第2段階は**「暗記」**です。理解した内容を記憶に定着させることは重要ですが、これだけでは勉強は完結しません。

なぜなら、暗記した知識をどのように活用するかが不明確だからです。

試験で問われた場合、暗記したことをそのまま問う問題なら正解できるでしょうが、応用問題だと答えられません。

最終段階が、**「表現」**です。**「アウトプット」**と言ったほうがなじみがあるかもしれません。これは、学んだことを自分の言葉で説明したり、実際の状況に応用したりすることです。表現できる状態になって初めて、本当に学習したと言えます。

ここまで来れば、試験で自信を持って即答できるでしょう。

多くの人は「理解」と「暗記」に多くの時間を割きますが、実は**「アウトプット」にこそ重点を置くべき**です。

実際、多くの研究が示す通り、「アウトプット」は学習過程において一番大切な要素です。**「アウトプット」を通じて、初めて深い「理解」と「記憶」が定着する**からです。

勉強の真のゴールは、知識を実生活で自由自在に活用できる能力を〝楽しく〟身につけることです。

このゴールに到達するには、学習の各段階をバランスよく進め、特に「アウトプット」を楽しく行なうことが重要です。

理解して、暗記し、そして積極的に楽しく表現する。この連続したプロセスを通じて、真の学びが完成するのです。

本書で紹介する勉強法は、「理解」「暗記」「アウトプット」の各ステップを、「ストレスフリー」に実行していきます。

勉強は3つのステップで完成する

第1段階「理解」
新しい情報や概念を把握する

↓

第2段階「暗記」
学んだ内容を記憶に定着させる

↓

第3段階「表現」（＝アウトプット）
学んだ内容を自分の言葉で説明する

**「アウトプット」を通じて
「理解」と「記憶」が定着する**

達成したい目標とは別に、小さな目標を立てる

「ストレスフリー勉強法」を紹介する前に、ひとつクイズを出しましょう。

Q. まず勉強を始めるとき、何から手をつけるのがベストでしょうか？

「教科書を読んで基礎をインプットする」「単語帳を開く」「問題を解く」……いろいろな答えが返ってきそうですが、これにははっきりとした正解があります。

それは、「**A. 目標を立てること**」です。

「○○大学に合格する」「定期テストで上位に入る」など、大きくざっくりとした目標を掲げている人はいますが、普段の勉強にまでそれを落とし込めている人は少ないでしょう。

勉強には必ず目標を設定しなければいけません。それは、たった5分間の勉強であっても、です。

目的地のない航海は、舵をどう切っていいのかわからず、船員のやる気もなくなります。目標を設定していない勉強では、適切な方針を立てられないだけでなく、学習へのモチベーションも下げてしまうのです。

裏を返すと、**目標を立てるだけで、勉強の質はみるみる上がっていきます。**

加えて「自分が着実に前に進めている感」があり、ストレスを抱えにくくなります。

目標を立てるだけなら、とてもお得な感じがしませんか。

とはいっても、「どういうふうに目標を設定すればいいかわからない」という人もいるでしょう。

目標設定はとても簡単です。おすすめのフレームワークがあるので、それに従って目標のテンプレートを埋めていくだけです。

そのフレームワークとは、「SMART」です。

Specific（具体性のある）
Measurable（測定可能な）
Achievable（達成可能な）
Relevant（関連性のある）
Time-bound（期限のある）

目標設定するときに必須の５つの要素を総称してＳＭＡＲＴと呼びます。１つずつ説明していきましょう。

○Specific（具体性のある）

目標はふんわりとした表現ではなく、必ず具体的なものにしましょう。

「いい成績を取る」ではなく「90点以上を取る」。
「古文単語を覚える」ではなく「古文単語を30個覚える」。

自分がどこを目指すべきかがはっきり見える目標であることが重要です。

○Measurable（測定可能な）

前項と関連しますが、進捗や達成度を測るには数値が必要です。「90点」や「30個」のように、目標には必ず数字を入れてください。

自分がどれだけ目標とかけ離れているか、またどれだけ目標に近づいているかがこれで一目瞭然になります。

○Achievable（達成可能な）

高い目標を持つことはいいことですが、あまりに非現実的だとモチベーションを落としますす。必ず自分のキャパシティと相談して、実現可能な目標を設定しましょう。

○Relevant（関連性のある）

「○○試験に合格する」という大きい目標なのに、その試験範囲とは違う部分を勉強する人はいません。「○○大学に合格したい」「資格を取りたい」など、大きな目標に関連して、目標を立てられているか、確認してください。

○ Time-bound（期限のある）

期限が決まっていないと、どんなに真面目な人でも自分を律して勉強するのは非常に困難です。

「いつまでに」目標を達成しなければいけないかは明確にしましょう。

次の例が、SMARTを用いて設定した目標です。

小さい目標としては、**「(○○の資格試験合格のために) 今日、練習問題を最低5問解いて、3問以上正解する」**。

短期的な目標設定でもSMARTを意識すれば、勉強のサイクルを明確化できます。

テキサス州立大学のマグスティン・J・ガルシア氏らの研究によると、目標設定をした学生としなかった学生で、成績（GPA）に約1・2倍の差が出たと言います。1・2倍だと大したことはないように見えますが、100点満点中60点ならそれが72点、70点なら84点になります。結構大きな違いです。

常に「どうして目標を達成したいのか」「目標達成することによる自分の将来へのメリットは何か」を考え、自分をモチベートしていくことが大切です。

ストレスをなくし、自分のゴールに早く近づくためにも、必ず目標設定をしていきましょう。

勉強の質を上げる小さな目標設定

小さな目標

（○○の資格試験合格のために）
今日、演習問題を最低5問解いて、3問以上正解する

具体的
測定可能
→練習問題を最低5問解く

達成可能
→3問以上正解する

関連性
→（○○の資格試験合格のために）

期限
→今日

**短期的な目標設定で
勉強のサイクルを明確化できれば、
成績は確実に上がる**

4つのタイミングで勉強すると、忘れにくくなる

皆さんは、「一夜漬け」をしたことはありますか？

定期テストの前にやった、もしくは今もやってしまう人もいるでしょうか。私も、一夜漬けに頼っていた時期があります。

しかし、一夜漬けをしたことがある人も、勉強内容が身についた経験はあまりないでしょう。

短時間で集中的に覚えた内容は、脳が忘れやすいからです。

では、一夜漬けが長期的な学習として効果がないなら、その「逆」はどうでしょう？

逆とは、一夜漬けのように一気に勉強するのではなく、一定の期間を空けて勉強することです。

実は、**間隔を空けて勉強するのは記憶の定着に非常にいい**とされています。この効果を**「スペーシング効果」**と呼びます。

スペーシング（spacing）とは、「間隔を空ける」という意味。情報や内容を短期間ではなく、時間を空けて繰り返し学習すると、長期記憶の向上につながるのです。

スペーシング効果は、「エビングハウスの忘却曲線」で知られるドイツの心理学者ヘルマン・エビングハウスが発見しました。忘却曲線とは、時間が経つにつれて記憶したことを忘れてしまう様子を表した曲線です。

一度覚えたはずの数学の公式が1週間後にはおぼろげになり、1か月後には完全に忘れてしまう経験は誰しもあるでしょう。

一定期間を空けながら分散・反復で勉強していくことで、なるべく忘れないように効率を上げていくのが狙いです。

エビングハウスの忘却曲線から導き出される**復習の最適なタイミングは、「1日後」「1週間後」「1か月後」の3回。私は、ここに「ある時間帯」をプラスした合計4回をおすすめしています。それは、覚えた日の「寝る前」**です。

人間の脳は、寝ているときに記憶を整理します。睡眠中は何もしていないと思ってしまいますが、脳はしっかり働いています。

寝る直前にインプットした記憶は、脳の中で整理され、定着するのです。


新しいことを覚えるときには、次の４つのタイミングで復習するのが効果的です。

❶ **初めて学んだ日の寝る前（就寝の30分前）**
❷ **翌日**
❸ **1週間後**
❹ **1か月後**

たとえば、新しい英文法を覚えたとします。

まずはその日の寝る前に学習したことを思い出しながら要点をノートにまとめてみます。まとめ方のおすすめは2種類あり、「学んだことを時系列で書き出す」か「印象に残ったことから順番に書き出す」のいずれかがいいでしょう。

時間がない場合は「その日の学習で得た一番大きな気づき」を1つピックアップするだけでもOKです。翌日にそれを見返しながら、関連する文法なども併せてインプットします。

1週間後には少し忘れているので、まず要点を思い出そうとしてみて、うまく出てこなかった部分を中心に学習し直してみてください。

練習問題を解いたり、自分で問題を作ってみたりするのもおすすめです。自分で問題を作ることで、本質的な理解が深まります。

1か月後のタイミングでは億劫に感じてしまいますが、やるのは作った問題を解くだけです。

このように繰り返し学習すると、記憶に定着するだけでなく、その単元でどこが弱いのかが把握できるようになります。

タイミングごとにまったく同じやり方で復習するのではなく、いろいろな形で思い出すことによって脳をマンネリ化させないのがポイントです。

復習のタイミングを忘れてしまう人に、おすすめのアプリがあります。

それは「Google Keep」というGoogleのメモ帳アプリ。メモ帳とは言ったもののリマインダー機能と一体になっており、勉強の管理に非常に便利です。

リマインダー機能で毎日決まった時間に「復習タイム」のアラートを設定しておき、メモの部分に「何日に何をやるか」の詳細を書いておけば忘れません。


復習を4回も行なうのは多すぎだと感じるかもしれません。

しかし、新しいものをいくらインプットしたとしても、覚えたそばから忘れていっては元も子もありません。

今日新しく覚えたことを、1か月後に果たしてどれだけ鮮明に覚えているでしょうか？

今日覚えた公式は、復習しなければ1か月後には「100％」忘れます。

何度も復習して土台を固めていくのは効率が悪いように見えますが、まったく復習せずゼロから新しく覚え直すほうがよっぽど非効率です。

たとえ少しずつでも、着実に身につけていきましょう。


実際に、定期テストの前に一夜漬けで勉強したときに英語が55点だった生徒は、スペーシング効果を利用して細かく時間を分けて勉強したときには80点を取ることができました。

勉強した総時間数はほぼ同じなのに、後者のほうが圧倒的にテストの点数がよかったのです。

同じ勉強時間で勉強効率が変わるなら、やらない手はありません。

実は、その生徒は、成績が向上しただけではなく、「勉強が楽しくなってきた」と言って、以前より意欲的に勉強するようになったのです。

これは、**結果が出たことで勉強に対するストレスが軽減された**ことの表れでしょう。

十分な復習時間がないときは、「こんな内容を学んだ」と軽く触れるくらいでも問題ありません。寝る前にざっと確認しただけのときは、翌日にしっかり振り返るといいでしょう。

とにかく**時間を空けて「刻む」ことが大事**です。

これができると、それまでの定期テストなどで一夜漬けだった人も、コツコツやる習慣がついていきます。

「自分ってコツコツやることもできたんだ」と自信にもつながり、勉強のモチベーションが上がるなど、いいことだらけです。

覚えた内容が定着するスペーシング効果

4つのタイミングが肝心

1 学んだ日の就寝30分前
要点をノートにまとめる

↓

2 学んだ日の翌日
ノートを見返しながら関連事項も確認

↓

3 1週間後
要点を思い出す。
思い出せなかったら学習し、問題をつくる

↓

4 1週間後
作成した問題を解く

時間を空けて刻むことで
覚え直しの非効率がなくなる

時間と組み合わせを変えるだけで勉強効率が上がる

細かく時間を分けて勉強することには、「忘れる」を防ぐだけでなく、脳を活性化させるメリットがあります。それを利用したのが**「インターリーブ学習」**です。

2015年、マイクロソフト社がとある研究結果を発表して世間に衝撃を与えました。その内容は、「人間の集中力の持続時間は8秒しか持たない」というものです。

この結果はショッキングなものと捉えられることが多いですが、私は逆に明るいニュースだと思いました。

「自分は集中力がないから勉強が続かなくて……」と悩んでいる人も、落ち込む必要がないとわかったからです。

このセクションでは、**集中力がない人でも簡単に続けられる勉強法**を紹介していくので、あきらめる前にぜひチャレンジしてみてください。

実は、同じことを長い時間学び続けるのは、学習内容を定着させるうえで非効率ということが科学的に証明されています。

私たちがやってしまいがちな、同じトピックやタスクを連続して学習する方法を「ブロック学習」と言います。

それに対して、同時並行的に複数のジャンルを勉強するのが「インターリーブ学習」です。

インターリーブ（interleave）とは「交互配置」という意味で、簡単に言うと「つまみ食い」の勉強法になります。このインターリーブ学習が、**従来の勉強法より学んだ内容の定着率を上げる**のに役立ちます。

食べてばかりで太ってしまうのは困りものですが、知識が増えていくのであれば大歓迎です。

たとえば、プログラミングを学習する際、「1時間ずっとコーディングに集中する」のではなく、「30分間コーディングを学習した後、次の30分間はアルゴリズムの問題を解く」といったように、異なるスキルを交互に学習するのがインターリーブ学習です。

一見非効率に思えますが、これがブロック学習よりも効率がいいことがわかっています。

アメリカの心理学者であるネイト・コーネル氏とロバート・ビョーク氏が絵画を用いて行なった面白い実験があります。

2つの大学生のグループにいくつかの絵画とその作者を記憶させる内容ですが、1つの集団には画家ごとにまとめて絵画を見せ、もう一つの集団には絵画をランダムな順番で見せて覚えさせました。

その後、大学生たちにそれまで見たことのない絵画を見せ、そのスタイルから作者を当てさせるという実験です。

2つのグループの間で、「絵画の作者当てテスト」の成績に違いはあったのでしょうか？

驚くべきことに、「絵画を画家ごとに記憶させた集団」より、「雑多な絵画をランダムに記憶させた集団」のほうが成績がよかったのです。

なぜ、このような結果になったのか。別のジャンル（絵画の実験であれば別の画家の作品）を同時並行的に学習することによって新鮮味が絶えることなく、脳が活性化したまま知識をインプットできたからです。

いろいろなものを少しずつつまみ食いしているときは、ぜいたく気分でワクワクします。勉強でも異なるジャンルをつまみ食いすることで、脳にいい刺激を与え、記憶の定着度も上がります。

逆に、同じことだけを続けて勉強していると、次第に退屈になり脳のパフォーマンスも下がってしまいます。「メリハリが大事」という言葉は、脳科学的にも核心をついているのです。

先ほど、30分ごとに学習の内容を切り替える例を紹介しました。

切り替えの時間は30分がおすすめですが、それでも集中できないときは、15～20分ごとに別の勉強に切り替えてみてください。逆にもう少し集中力が続く場合は、40～45分に増やしてもＯＫです。

大切なのは、「脳のパフォーマンスが下がっている時間をなくす」こと。自分に合った1コマの時間を見つけていきましょう。

また、同じ人でもその日の調子によって集中力が変わるので、日によって微調整するのもおすすめです。

調子がいいときに集中して勉強し、そうでないときは細かく時間を分けて勉強する。そうすることで、脳へのストレスも最小限に抑えることができます。

インターリーブ学習は、小・中・高校生だけに有効なものではありません。大学生や社会人になってからも、資格勉強や趣味のスキル向上など、インターリーブ学習は多くの場面で活用できます。

インターリーブ学習はすべてのジャンルの勉強に有効ですが、一つだけ注意点があります。

「関連性のないトピック同士では効果が出にくい」ということです。

集中力が続かない人におすすめの勉強法

○ **インターリーブ学習で勉強効率を上げる**

30分単位で、関連あるトピックで複数のジャンルの勉強をする

× **ブロック学習は勉強効率を下げる**

長い時間、同じことを学び続ける

英語の勉強の合間に数学に取り組んでも、インターリーブ学習の大きな効果は出ません。

英語ならリーディングとライティング、数学なら計算と論述といったように、相互に関連するトピックを並行して学習することを習慣にしていきましょう。

ひと通りキリのいいところまで終わったら、科目を変えても大丈夫です。

次の科目に移った際も、関連性のあるトピックの中でインターリーブ学習を行なうようにしてみてください。

文字とビジュアルをセットで覚える記憶力アップ法

ここまで、勉強する前の小さな目標を決め、振り返る習慣を身につけ記憶の定着を図り、集中力がなくても、継続的に勉強できる仕組みをお伝えしました。

これを知っているだけで、ストレスなくたんたんと勉強をこなしていけます。

ここからはより具体的な勉強法を紹介しましょう。

脳に「2つの形式」で情報をインプットすると、記憶が強化されます。2つの形式とは、「言語形式」と「視覚形式」です。

この形式で処理することを**「デュアルコーディング」**と言います。

デュアルコーディングは、授業やプレゼンテーションなどにも活用されています。新しい概念や知識について知るとき、言葉で説明されてもピンと来ないことがありますが、図やグラフを組み合わせると、理解しやすくなります。

デュアルコーディングはカナダの心理学者アラン・パイヴィオが提唱した概念で、さまざまな学習に応用されています。

子どもがスキーという遊びを知るとき、「スキー」という単語に加え、スキーで使う道具や、実際に雪の上をすべっているイメージをインプットします。単語という言語情報と、イメージなどの視覚情報は脳の中で別々に処理され、単語だけやビジュアルだけで覚えたときより記憶を呼び出しやすくなります。

これを勉強に応用するには、**教科書などの文字情報を覚えると同時に、ビジュアルでインプットする習慣をつけていく**必要があります。

覚えたい事柄に対して、「最低でも1つ」視覚情報を用意しましょう。

歴史であれば、図録や資料集で探すのはもちろんのこと、インターネットで画像を検索してみるのもいいでしょう。

それでも見つからなければ、自分で表や図を作ってみるのもおすすめです。

逆に、教科書で写真やイラストばかり見るなど、主にビジュアルでインプットしてきた人は、意識して言語情報も頭に入れるとデュアルコーディングが行なえます。**どちらかに偏るのではなく、バランスよく情報を取り込む**のです。

私が教えていたある生徒は、古文が大の苦手でした。

文章を読んでも同じ日本語とは思えず、内容にも興味が持てない……。古文を勉強すること自体がストレスでした。そんな彼女にすすめたのが、『あさきゆめみし』という『源氏物語』を題材にした漫画です。

「少しでも古文の世界に興味を持ってもらえたら」、そんな気持ちからでしたが、効果はてき面。積極的に古文に取り組むようになり、笑顔が増えました。

その後もさまざまな漫画教材を活用し、古文が得点源になるまでに成長しました。漫画で視覚的にインプットすることで理解が促進され、古文の勉強に対するストレスがなくなったのです。

デュアルコーディングで記憶を呼び出しやすくする

2つの形式でインプットする習慣をつける

言語形式
単語という言語情報

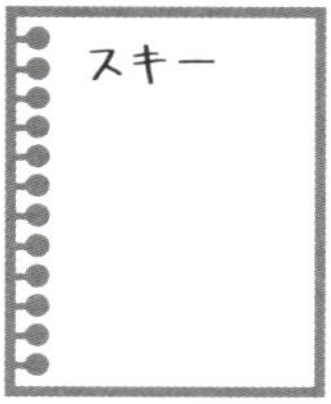

視覚形式
イメージなどの視覚情報

**どちらかに偏らずに、
バランスよく情報をインプットする**

学びながらすぐ問いを立てることで理解が深まる

「エラボレーティブ・インタロゲーション」という言葉をご存じですか？　まだ日本ではなじみのない言葉ですが、直訳すると「精緻な質問（elaborative interrogation）」となります（余談ですが、「？（疑問符）」のことを英語で「interrogation mark」と言います）。

エラボレーティブ・インタロゲーションとは、学習内容について自らの問いかけを指します。学習内容に対して「なぜ」「どうして」といった問いを立て、それに答えを出すべく調べていくことで学習を深めていく手法です。

たとえば、鎌倉幕府に関して成立時期や主要人物などの基本的な事項を教科書から学んだとします。

「なぜ鎌倉幕府は成立したのか？」
「どのような人物や出来事が鎌倉幕府の歴史に影響を与えたのか？」

このように問いを立てるのがエラボレーティブ・インタロゲーションです。

自分で調べていくことにより、知識の定着率がアップし、記憶に残りやすくなります。

また、**問いを立てることで、関連情報を併せてインプットすることが習慣づけられ、より理解が深まっていく**のです。

エラボレーティブ・インタロゲーションでの問いの立て方のポイントは、1つの側面からでなく、複数の側面から広げていくことです。

鎌倉幕府についてなら、さらに「前後の時代」「同時代の文化など別の側面」といったイメージを持つと問いが立てやすくなります。

「平安時代のどのような出来事が鎌倉幕府の成立に影響を与えたか?」
「鎌倉幕府の影響は次の時代にどのように表れたか?」
「鎌倉幕府の時代に花開いた文化は、政治からどのような影響を受けていたか?」
「この時代、他の地域ではどのような出来事が起こっていたか?」

この問いの立て方は歴史だけでなく、他の科目でも応用可能です。

英語の場合は、
「relationという単語は、形容詞になったときにどのような形に変化するか?」
「同じ変化の形になる別の単語には、どのようなものがあるか?」
というように、問いのバリエーションを増やしていくと、学習内容が充実していきます。

テネシー工科大学心理学科教授のバリー・スタイン氏が行なった興味深い研究があります。彼らは小学5年生の子どもたちに次の2つの文を見せました。

❶ 力持ちの男が、友達がピアノを動かすのを手伝った。
❷ 力持ちの男が、朝食の間に新聞を読んだ。

「2つの文のうち覚えやすかったのはどちらか?」という質問をしたところ、成績のよい子どもは「1」、そうでない子どもは「2」と答える傾向にあったといいます。

何となく推測がついた人もいるかもしれません。

一見すると文自体が短い「2」が覚えやすそうですが、内容をしっかり見てみると、前半と後半を関連付けられるのは「1」であることがわかります。

成績のよい子は「力持ちだからピアノを動かすのを手伝ったんだろう」と意味を持たせて記憶できるため、「1」を選びます。

それができない子は、単純な文の長さで「2」を選んでしまうのです。

勉強が苦手だという人はみんな精緻化(持っている知識と新しい知識を関連づけること)ができていない傾向にあります。

とはいっても、精緻化が苦手な人でも、エラボレーティブ・インタロゲーションに繰り返し挑戦することで感覚はつかんでいけます。

理解を深め、記憶を定着させるエラボレーティブ・インタロゲーションは、ストレスのない学習の強い味方となってくれます。

モヤモヤを残さないことで、一回一回の学習をすっきりとした状態で終えることができ、次回の勉強のモチベーションも高まるのです。

エラボレーティブ・インタロゲーションをうまく活用して、長期記憶をどんどん強化していきましょう。

理解を深め、記憶を定着させる
エラボレーティブ・インタロゲーション

鎌倉幕府について学ぶ

**1つの問いにせず、
2つの問いで広げていく**

Q
なぜ鎌倉幕府は
成立したのか？

Q
どのような人物や出来事が
鎌倉幕府の歴史に
影響を与えたのか？

**知識の定着率がアップし、
記憶に残りやすくなる**

自分で考えながら誰かに話すと、脳が意識的に育つ

私自身が学生時代、毎日やっていた勉強法があります。ものすごく効果があるにもかかわらず、ほとんどの人がやっていません。

それは、「セルフエクスプラネーション（self-explanation）」と言い、「自分の言葉で説明する」ことです。

目の前に友人や家族がいれば、その人に向かって自分がインプットしたい事柄をわかりやすく話してみましょう。

話す対象は、背景知識がない人でＯＫです。むしろ、そのほうが嚙み砕いて説明する必要があるため、いいのです。

たとえば、フランス革命を説明してみましょう。

フランス革命の原因となる時代背景や社会的な要因などの解説に始まり、フランス革命がどういう経緯をたどったのか、どんな結果に終わったのか。その後の社会にどんな影響を与えたかまで説明してみるのです。

説明の仕方に正解・不正解はありません。自分で考えて話すことで脳が活性化されていきます。

説明できない箇所があったら、理解が深められていない証拠です。

自分の弱点と思って、内容をインプットし直し、要素を頭の中で（もちろんノートでもＯＫ）整理しましょう。

実際に**「誰かに説明するの」がベスト**ですが、身近に話せる人がいない場合は、独り言のように**「自分で自分に説明する」**ことでも同様の効果があります。

ただし、教科書を見ながら説明してはいけません。必ず自分の言葉を使って説明します。

自分の言葉で説明すると、どんなメリットがあるのでしょうか？

人は、誰かに説明を行なう前に、脳内で情報を整理します。まとめた要点を人に伝えるために、その情報を言葉にします。すると、情報が脳内で再確認され、記憶が定着します。

脳科学的に説明すると、脳は情報を処理する際、ニューロン（神経細胞）間のシナプスが強化されます。シナプスとはニューロンの接続点のことで、ここで情報の伝達がされます。

シナプスを強くすることで、長期記憶が形成され、連想力を強化したり、必要なときに適切な記憶を呼び起こしやすくしたりします。

自分で考えながら話すことは、記憶の定着を考えれば理にかなっているのです。

ここから派生した方法で、**「クイズを出してみる」**のも有効です。

周りに人がいなければ、自分への出題でもＯＫ。

クイズの正解を設定し、その問題文を考えることで、正解となる事実に対する解像度がアップします。

また、いつもと違う順番で思考する新鮮さも、脳によい刺激となります。

前節でお伝えした「問いを立てる」がいかに有効かわかるでしょう。

新しいことを勉強する際、「いつか誰かに説明しよう」と思っておくといいでしょう。アウトプット前提で知識をインプットすることになり、セルフエクスプラネーションがしやすくなります。

実際に言葉にすると、理解ができているところと、できていないところがはっきりとします。

言葉に詰まるところと、うまく説明できないところを勉強し直し、再度自分の言葉で説明してみる。これを繰り返すことで、どんどん知識が定着し、スムーズにアウトプットできるようになるはずです。

自己効力感の向上で勉強無双状態に変わる

ここまで勉強法について紹介してきましたが、勉強のパフォーマンスにはストレスが影響する以上、精神面でのケアも非常に重要になってきます。

どれだけ勉強を頑張ろうと思っていても、メンタルがついてこなければ難しいからです。反対に言えば、気持ちが整ってさえいればいくらでも勉強の意欲は向上します。

突然ですが、あなたは人に言われて元気が出る言葉はありますか？

私は「粂原さんのおかげで……」という言葉を言われるとやる気がわいてます。

なぜかというと誰かの役に立てたと実感でき、「これからも自分ならできる」という自信を持てるからです。この感覚を**「自己効力感」**と言います。

カナダの心理学者アルバート・バンデューラが提唱したこの概念は、学習とモチベーションの維持に大きな影響を与えるとされています。

高い自己効力感を持っている人は、困難な状況や目標に向かうときにも自分の能力を信じることができ、ストレスや不安を感じにくくなります。

逆に自己効力感の低い人は、挑戦的な状況において高いストレスを感じやすい傾向があります。

自己効力感を高めることで、前向きに勉強に取り組むことができるようになるのです。

結果として成績も上がり、それがさらなる自己効力感の向上にもつながっていくため、正のスパイラルが構築されます。

このように、高い自己効力感を持つだけで、勉強にとってはいいことだらけなのです。

それでは、自己効力感を高めるにはどうしたらいいのでしょうか？

主に3つの方法があります。

❶ 過去の成功体験を想起する

自己効力感を高めるために最もいいのは、過去の成功体験を思い出すことです。

「この間のテストの成績もよかったから、次もちゃんと勉強すれば大丈夫」

「この公式で基本問題を解けたから、応用問題もきっと理解できる」

過去を思い出して自分に言い聞かせることで、自己効力感は高まっていきます。

特に自分が落ち込んでいるとき、不安を感じているときなどに思い出すと、パワーやモチベーションが湧いてきます。

❷ 自分の成功にアンテナを張る

過去の成功体験を思い出す過程で、「自分にはそんな目立った成功体験はないから……」と思う人もいるかもしれません。

しかし、「成功体験」は大きいものでなくてもいいのです。

小テストでよい点を取った、先生に褒められた、練習問題を正解した――些細なことでもいいので、自分が「できた」と思う瞬間を見落とさないようにして自己効力感につなげていきましょう。

一日の終わりに「自分は今日何ができたのか」を振り返るようにすると、習慣になるのでおすすめです。

❸ 他人の成功を見る

ノースカロライナ大学グリーンズボロ校教育学部教授のデイル・シャンク氏によると、自分自身の体験でなくても、他人が何かを成功させる様子を見ることで、自己効力感を高めることができるといいます。特に、その成功した人が自分と似た属性や能力を持っている場合に効果的です。

たとえば、クラスメートで自分と同程度の学力を持つ友人が成績を上げたときや、同僚が資格試験に合格したときなどに、「あの人ができたなら、自分にもできるはずだ」と感じて自信を持つことができます。成功体験は、必ずしも自分自身のものである必要はないのです。

❹ 周りの人に言葉でサポートしてもらう

先生や親、友人などの言葉に励まされた経験や周囲の人々からの肯定的なフィードバック、励ましは、自己効力感を高めるきっかけになります。

先ほど挙げた私の例はまさにこれです。

本節の冒頭の言葉は、まさにポジティブなフィードバックの典型例。**相手の役に立った＝自分の能力が効果を発揮したという経験になり、自己効力感を高めてくれる**のです。

とはいえ、周りに「ポジティブな言葉を投げて！」と言うのも気が引けてしまいます。

そんなときはまず自分から、周りの人にポジティブなフィードバックを伝えてみてください。

周りの人たちもあなたの言葉に呼応して、前向きな言葉を返してくれるはずです。

自己効力感を高めて、ストレスを感じない無敵の精神状態にしていきましょう。

自己効力感の向上で前向きに勉強に取り組める

❶過去の成功体験を想起する
自分の実体験を思い出し自信を持つ

↓

❷自分の成功にアンテナを張る
小さな成功も見逃さず、自己効力感につなげる

↓

❸他人の成功を見る
「自分にもできる」と感じて自信を得る

↓

❹周りの人に言葉でサポートしてもらう
肯定的なフィードバックで自己効力感を高める

**自己効力感を高めて
無敵の精神状態にする**

すべての勉強はメタ認知を極めることで変わる

よく「自分を客観的に見ることは大事」だと言われます。

主観的にはキマっていると思うファッションも、他の人から見たら「サイズが合っていない」「デザインが合っていない」ということはあります。

では、勉強法についてはどうでしょうか。

自分の学習態度や方針を客観的に振り返ったことはありますか?

「自分を客観的に見る」という作業は、**「メタ認知」**と呼ばれています。言葉だけなら聞いたことがある人もいるでしょう。

勉強法についても、メタ認知を広げていくことで大きな気づきが得られます。

たとえば、あなたが何かの資格試験の勉強に取り組んでいるとします。その際、得意分野と苦手分野があるはずです。

なかには、片方の分野に偏った勉強をしてしまう人もいるでしょう。つい得意分野ばかり勉強してしまい、苦手分野をおざなりにしたり、逆に苦手分野に気を取られ、得意分野の得点力を落としてしまったり……。そんな事態に気づくことこそ、「メタ認知」です。

メタ認知の最大のメリットは、勉強法を自ら改善していけること。自分の学習態度を振り返ることで、誤ったアプローチに自ら気づくことができます。

これはとても重要で、自ら正常な状態に向かえる、いわば「免疫」のような働きをしてくれるのです。

勉強が得意な人や進学校にいる人はメタ認知能力が高く、自ら勉強法をどんどんブラッシュアップしていきます。

メタ認知により効率のよい勉強を加速させ、そこから新たに学んだ内容に対してもメタ認知を通して振り返ります。すると、さらに学習効率が上がる形で好循環が起こるのです。

勉強におけるメタ認知の方法としては、次の6つのステップを意識しましょう。

すでにお伝えした内容もありますが、英単語学習を例に、1つずつ詳しく解説していきます。

ステップ❶

明確な目標の設定

勉強を始める前に、具体的な期間の決まった目標を設定します。設定の際に、自分が1週間のうちどのくらい勉強に割けるか、1度の学習でどのくらい進められるかをメタ認知で把握することが重要です。

たとえば、「今週の終わりまでに、感情に関連する20個の英単語を学ぶ」などです。

ステップ❷

情報の整理

新しい単語に出合ったとき、「あの単語と似ているかも」「この単語は今までに学んだ他の単語と関連している気がする」ということがあります。

たとえば、「optimism（楽観主義）」という単語を学んでから「optimist（楽観主義者）」

という単語を見たときです。

そして「-ist」という接尾辞が「〜する人」を表すと知っていれば、optimismをする人↓楽観主義をする人↓楽観主義者、と推測できます。

このように、自分のこれまでの知識と照らし合わせることで、パターン認識や記憶の定着を促すのです。

ステップ3

ストーリー化

英単語からストーリーやイメージを連想することで、記憶に残りやすくなったことはありませんか？

人間の脳は、感情が絡むと情報をより深く処理し、それに伴って関連する記憶は強化されます。

たとえば、「benevolent（親切な）」という単語を学習する際に、子どもが町中で困っているお年寄りを手助けするストーリーを思い浮かべると、その記憶で英単語を覚えやすくなることがあります。

ステップ4

学習状況の記録と振り返り

一日の最後に、今日の学習の記録をつけてみてください。

「何月何日の何時に」「何をどのくらいの時間・量で」「どんな勉強法を用いて」「どれくらい集中して」勉強したかを、ノートに書いていきましょう。

その記録をもとに定期的に学習を振り返るのは、とても有効です。

「目標に向かってどれだけ進んでいるか？」

「どの勉強法が効果的で、どれが効果的でないか？」

客観的に振り返ることで、今後の学習のためのアプローチを調整することができます。

英単語の学習なら、「単語帳を眺めるだけではダメだった」と気づくかもしれません。

理想は1日1回、最低でも週1回は振り返るようにしましょう。

ステップ5

セルフテスト

学校で行なわれる定期テストや小テストを待たずに、自分自身で学んだ内容をもとにテストを作るのも有効です。

記憶をより深化させられるほか、苦手や弱点を見つけて補強することができます。「ひょっとしたら勉強法が間違っているかもしれない」と気づいて、アプローチを修正するきっかけになることもあるでしょう。

英単語学習なら単語カードを作ったり、単語の穴埋め問題を考えてみたり、誰かに教えたりすることで記憶が定着します。

ステップ6

進捗の評価

週の終わりに、はじめに設定した目標にどのくらい到達できているかを自己評価します。うまくいった部分と改善点をメタ認知でしっかり見極めることで、次週の学習に活かせます。

うまくいっている場合もそうでなかった場合も、「なぜうまくいったのか」「なぜうまくいかなかったのか」の原因まで考えるようにしましょう。

このように、メタ認知能力を高めると、目標や勉強の方向性を適切に定めることができ、勉強のストレスを最小限に抑えられます。

これらは、本章の項目で取り上げた内容と気づいた方もいるでしょう。それくらい「メタ認知」は勉強で重要な役割を果たします。

とはいえ、いきなりメタ認知をできるようになるのは難しいので、チェックリストを作ってみました。

これらの項目を定期的に振り返ることで、自分の勉強法についてメタ認知をする習慣がつけられます。

振り返りの際には、振り返る内容や今考えていることを声に出すと、思考がより整理されていきます。

メタ認知はできてまったく損はないので、日頃から物事を俯瞰で見る癖をつけていきましょう。

メタ認知×勉強法　簡易チェックリスト

- ☑ 苦手以外の、特定の分野ばかりを勉強していないか？
- ☑ 特定の勉強法に固執して勉強していないか？
- ☑ 目標設定は簡単すぎないか？もしくは難しすぎないか？
- ☑ 目標に向かった正しいアプローチをできているか？
- ☑ 自分の体力や集中力を無視して、無謀な勉強計画を立てていないか？

第2章

一度身についたら消えない勉強の習慣化

誰でも勉強を習慣にできる4つの方法

「勉強の習慣ができていないんです」

この言葉は、これまで多くの親御さんから聞いた言葉です。勉強を習慣にできたらどれだけ素晴らしいことか、あなたも一度は思ったことがあるでしょう。

勉強を習慣にすれば、今感じている勉強へのストレスは大きく改善され、成績も飛躍的に上がることは間違いありません。

この章では、誰でも勉強を習慣にできる方法を順に解説していきます。

それでは最初に、習慣化することで得られるメリットと、習慣化でストレスが減る理由について見ておきましょう。そうすることで、習慣化のメリットをより深く理解し、ワクワクしながら取り組むことができるはずです。

メリット❶

脳が新しい情報を取り込みやすくなり、覚えやすくなる

まず大切なのは、「神経可塑性《しんけいかそせい》」という概念です。これは、脳が新しいことを学んだり経験したりすると、脳の中のつながりが変わって、強くなる能力のこと。簡単に言うと、勉強を続けることで、脳が新しい情報を取り込みやすくなり、覚えやすくなるということです。

たとえば、自転車に最初に乗るとき、バランスを取るのが難しくて何度も転びます。でも、練習を続けるうちに、いつの間にかスムーズに乗れるようになります。これも神経可塑性のおかげで、脳が「自転車に乗る」という行動を覚え、上手になっていくわけです。

勉強に関しても同じことが言えます。最初は新しい公式や単語を覚えるのが難しいですが、繰り返し勉強することで、脳の神経回路が適応し、だんだんと覚えやすく、理解しやすくなります。

つまり、勉強を習慣化することで、最初は難しかった勉強が次第に楽に感じられるようになるのは、脳の「神経可塑性」という性質のおかげなのです。

この神経可塑性は、若い人にとって特に重要です。なぜなら、幼少期から青年期にかけての時期が、脳が最も成長しやすい時期だから。言い換えると、若い人ほど勉強を習慣にしやすく、また習慣にすることのメリットが大きいということです。

ただ、大人の方も心配する必要はありません。成人してからも神経可塑性は存在し続けていることがわかっているからです。

新しいことを学んだり、新しい経験をしたりすることによって、いくつになっても脳の神経可塑性を刺激し、維持することが可能です。生涯学習や趣味、運動などを通じて新しい挑戦を続けることが、脳の健康を保つカギになるわけです。

メリット❷

勉強がポジティブな体験と結びつき、ストレスを感じにくくする

脳内には、「楽しい！　嬉しい！」と感じることができる特別なエリア「**側坐核**《そくざかく》」があります。たとえば、ゲームでハイスコアを更新したり、おいしいお菓子を食べたりした際に感じるあの心躍る喜びは、このエリアの活動によるものです。

この喜びを生み出しているのは、「**ドーパミン**」という物質で、脳が報酬を感じたとき

に側坐核から放出され、「幸せの化学物質」とも呼ばれます。ドーパミンが分泌されると、私たちはまるでご褒美をもらったかのように幸福な気持ちになるわけです。

勉強が習慣になると、問題に正解したり、テストでいい成績を取ったりする達成感が「報酬」として脳に認識されるようになります。この達成感によるドーパミン放出により、勉強がポジティブな体験と結びつき、ストレスを感じにくくなるのです。

ドーパミンは、脳の性質と習慣化にとって、ひいては「ストレスフリー」な勉強にとってとても重要な物質なので、本章でより詳しくお話しします。

メリット❸

誘惑に打ち勝ち、勉強への取り組みやすさが飛躍的にアップする

「前頭前野《ぜんとうぜんや》」とは、文字通り脳の一番前のほう、おでこのあたりに位置する部位です。私たちが自分をコントロールしたり、物事をじっくり考えて決断したりするときに、重要な役割を果たしています。

ゲームやおいしいスイーツなど、さまざまな誘惑に打ち勝って勉強に集中させようとする、我慢のための司令塔のようなものです。

勉強を習慣として定着させる過程では、前頭前野の領域が発達し、鍛え上げられていきます。それは、まるで筋肉トレーニングによって筋力がつくのと似ています。「もうちょっとゲームをしても……」という誘惑に負けそうになったとき、「待って、勉強が先だ」と自分自身を律する力、つまり自己制御の力が強化されるのです。

だんだん勉強が日課になっていくにつれて、自己制御能力が自然と身につき、結果的に勉強への取り組みやすさが飛躍的にアップします。

メリット4

ストレス耐性が高まる

ストレス耐性とは、ストレスに立ち向かい、打ち勝つ力。たくさんの宿題や難しいテスト、または人間関係でのストレスなどの「困難」に強くなる能力のことです。勉強を毎日のルーチンに取り入れると、このストレス耐性が自然と鍛えられていきます。

日々の勉強をコツコツと続ける中で、成果がいまひとつ伸び悩んだとしても「大丈夫、できるはずだ」と自分自身を奮い立たせる力がついてきます。こうした体験は、自己肯定感や達成への自信となり、「難しい問題にぶつかっても乗り越えられる」という、前向きな気持ちを後押しします。

結果として、将来、人間関係での悩みや何か新しいことへの挑戦など、異なるタイプのストレスに直面したときでさえ、「問題は乗り越えられるものだ」という強いメンタリティが養われ、ストレスへの抵抗力、つまりストレス耐性が向上することとなります。この過程を経ることにより、勉強をはじめとするあらゆる挑戦に、自信を持って取り組めるようになるのです。

いい習慣は4つのステップで形成する

さて、勉強を習慣化することのメリットを十分感じてもらえたでしょうか。

実は、「習慣化」がなぜ起こるのか、どのようにすれば意図的な「習慣化」が可能になるのかは、現代の脳科学においてすでに解明されています。

習慣化に「意志」の強さ、弱さは関係ありません。**「意志が強いから勉強を継続できる、意志が弱いから勉強が続かない」というわけではない**のです。

そもそも、なぜある行動が習慣になるのでしょうか。世界中でベストセラーとなった、『ジェームズ・クリアー式　複利で伸びる1つの習慣』の著者、ジェームズ・クリアー氏によると、習慣が形成されるとき、そこには必ず「4つのステップ」があるそうです。ここでは、「お菓子を食べる」ことが習慣になっている場合を例に説明します。

ステップ❶

きっかけ

「お菓子を食べる」行動を開始させるトリガーは何か？　テレビを見始めたときや、特定の時間帯（午後3時のおやつ時間など）がきっかけになることがあります。

また、ストレスを感じたときや、特定の感情（幸せ、悲しみなど）を感じたときも、お菓子を手に取るきっかけとなり得ます。

このステップでは、特定の環境や感情が、お菓子を食べる行動の合図として機能します。

ステップ❷

欲求

きっかけが生まれた後、それがあなたの中で「お菓子を食べたい」という強い欲求を生み出します。この欲求は、甘いものを食べることで得られる快感や、ストレスから解放されたいという思いから生まれることが多いです。

習慣化プロセスにおいて、この欲求が強いほど、実際にお菓子を手に取る行動を起こしやすくなります。

ステップ❸

反応

欲求に従って、「お菓子がなければお菓子を買いに行く」「家にあれば探す」「目の前にあれば手に取る」といった行動を取ります。そして、お菓子を実際に口のなかに運び、食べます。この段階を「反応」といいます。

ステップ❹

報酬

お菓子を食べる行動には、必ず何らかの「報酬」が伴います。この報酬は、甘い味の楽しみや、食べることによる一時的な幸福感、ストレスの軽減などが挙げられます。

この報酬が、将来もお菓子を食べたいという気持ち「欲求」を強化し、習慣として定着させる役割を果たします。つまり、お菓子を食べることで得られる「満足感」が、次にお菓子を食べたくなる「きっかけ」となるわけです。

この「きっかけ→欲求→反応→報酬」というサイクルが回ることで、習慣は形成されていきます。

お菓子を食べる所作からわかる習慣の形成プロセス

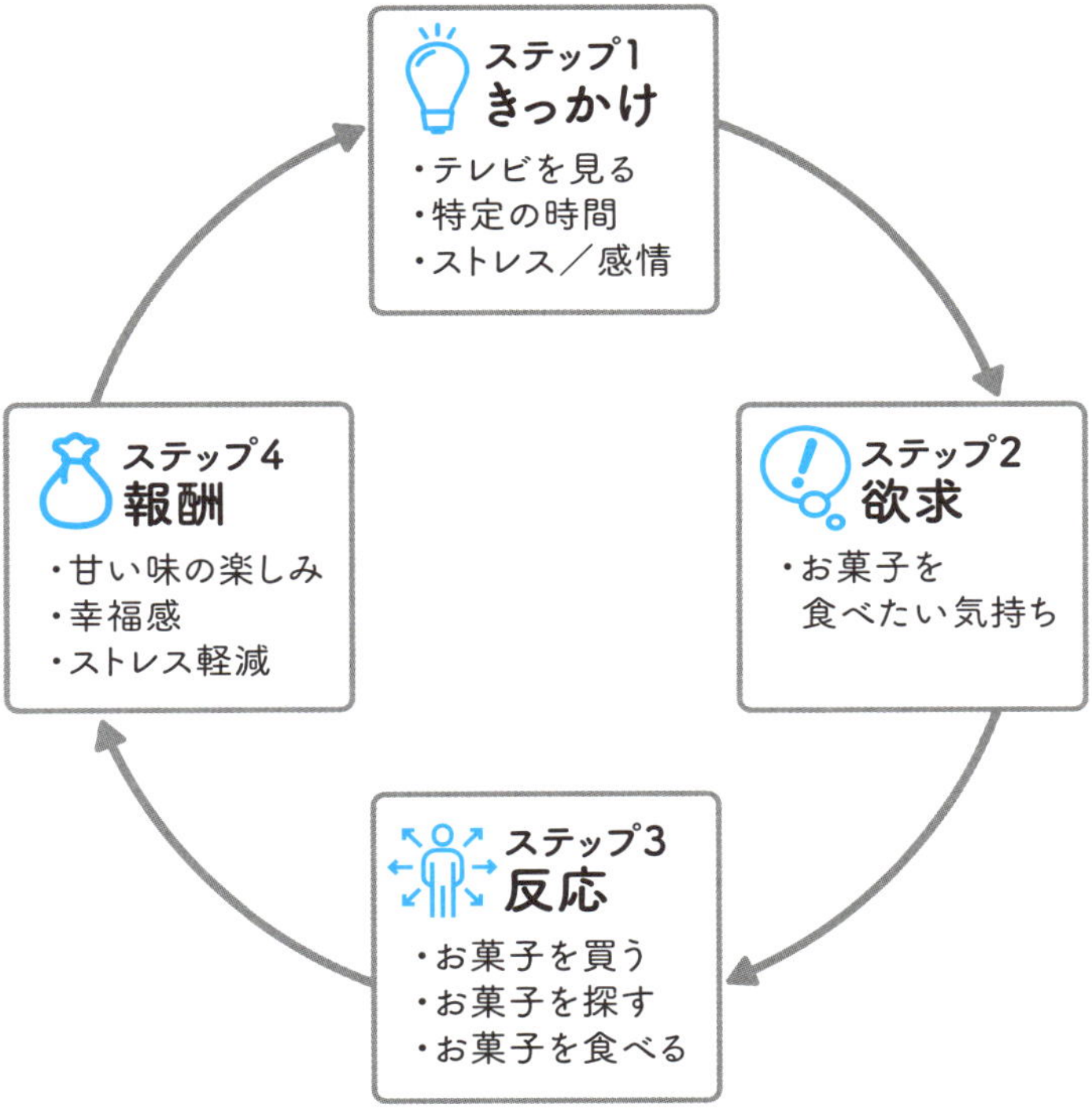

今回はお菓子を例に説明しましたが、「食事」「お風呂」「トイレ」「歯磨き」といった、誰しも習慣になっているような日常の行動から、「ついついSNSを見てしまう」「テスト期間に入ると掃除を始める」「漫画を読みふけってしまう」という、勉強の邪魔になる習慣もすべては、この4つのステップでできているのです。

習慣化に必要な「きっかけ」を生みだす最強テクニック

勉強を習慣化したければ、前節の4つのステップを意識的にデザインしていけばいいだけです。

何かの行動を習慣化したいときには、その「きっかけ」を明確にすることから始めましょう。

「きっかけを明確にする」とは、習慣化したい行動を始めるための「具体的なトリガー」を設定することを意味します。

習慣化したい行動を自動的に、かつ意識的に引き起こすためのスタート地点になります。きっかけが明確であればあるほど、習慣化は成功します。

ここで、習慣化のための最強のテクニックをご紹介します。何かを習慣化したいときには必ず役立つ、強力な手法です。

ダイエットや運動、そしてもちろん勉強の計画から時間の使い方に至るまで、多くの研究で、はっきりとわかったことがあります。それは、**「どんな行動をするかを事前に具体的に決めておく」と、その行動を実行する確率が高まる**ということです。

ただ決めるのではなく、事前に「いつ」「何を」やるかをはっきりと決めておくことで、実行する確率がなんと2倍から3倍も高くなりました。

たとえば、「午後5時になったら、宿題を開く」と決めるのです。宿題を「始める」ではなく「開く」としたのには理由があるのですが、後ほど詳しく説明します。

学校の勉強でも、健康や友達との関係などの個人的な目標でも、効果抜群です。とてもシンプルで、基本は次のようになります。

「もしX（ある状況）だったら、Y（こんな行動）をする」

「電車に乗ったら、英単語帳を開く」
「電車が混んでいたら、イヤフォンをして英単語の音声を聴く」
「土曜日の朝9時になったら、国語の参考書を開く」

このように、**具体的な状況を想定し、「きっかけ」を明確にしておく**わけです。

運動を習慣にしたい人たちを対象にした実験で「月曜日、水曜日、金曜日の朝になったら、30分ジョギングをする」と宣言した人の91％が、運動を習慣にすることに成功したという結果があります。これは、「週3回ジョギングをする」と、漠然と計画を立てた人のおよそ3倍の成功率だったそうです。

こんなにも効果的なのは、この手法が脳に強く訴えかけるから。**脳は「もしXならY」という情報を記憶しやすく、無意識のうちにそれに従って行動しやすくなります**。一度、計画を立てると、その後は脳が無意識に周りを見て、行動の合図を探し始めます。

事前に「どのようなタイミングで」「何をするか」をはっきりさせておけば、そのときが来たら自然と行動できるようになります。「やらなきゃ」とずっと考えておく必要もなく、「何をすればいいのか」で迷うこともありません。

大切なのは、「意識しなくてもいい」ということです。そのときが来るまで他のことに集中できますし、忘れてしまっても問題ありません。その時間になれば、自動的に脳が行動を起こしてくれるのですから。

習慣化のためのルール

「もし○○なら、□□する」と決めるだけ

きっかけ／状況

電車に乗ったら
朝9時になったら
……

↓

望む行動

英単語帳を開く
国語の参考書を開く
……

事前に「いつ」「何を」やるかを決めることで、実行する確率が上がる

すでに根づいている習慣に行動を結びつける

きっかけを明確にするもう一つの方法は、**すでにあなたの生活に根付いている習慣を起点として、新しい習慣をその後に結びつける**というものです。

つまり、すでに自動的に行なっている行動の後に、新しい行動を追加することで、新しい習慣を形成していくのです。

これは、「もしX（ある状況）だったら、Y（こんな行動）をする」を応用したものです。しかし、ここでの「もし」は、すでに確立されている習慣に基づいています。この方法のいいところは、新しい習慣を始めるための「きっかけ」が、既存の習慣によって自然に発動するため、新しい行動を取り入れやすくなることです。

では、ここも4つのステップでやっていきましょう。

ステップ❶

既存の習慣を特定する

最初に、毎日自動的に行なっている習慣を特定します。「朝起きて歯を磨く」「学校から帰ってきておやつを食べる」「夕食後にテレビを見る」などが挙げられます。

ステップ❷

新しい習慣を決める

次に、どんな新しい習慣を形成したいかを決めます。ここで大切なのは、実現可能で具体的な目標を設定すること。「毎日数学の問題を1問解いて、解説を読む」という習慣を身につけたい場合を考えます。

ステップ❸

既存の習慣と新しい習慣を結びつける

既存の習慣と新しい習慣を結びつける方法を考えます。「学校から帰っておやつを食べたら、その後すぐに数学を1問解く」といった具体的な計画を立てます。この場合、「おやつを食べる」という行動が新しい習慣の「きっかけ」となります。

郵 便 は が き

料金受取人払郵便

渋谷局承認

2087

差出有効期間
2025年12月
31日まで
※切手を貼らずに
お出しください

150-8790

130

〈受取人〉
東京都渋谷区
神宮前 6-12-17
株式会社ダイヤモンド社
「愛読者クラブ」行

本書をご購入くださり、誠にありがとうございます。
今後の企画の参考とさせていただきますので、表裏面の項目について選択・ご記入いただければ幸いです。

ご感想等はウェブでも受付中です（抽選で書籍プレゼントあり）▶

年齢	（　　　）歳	性別	男性 ／ 女性 ／ その他
お住まいの地域	（　　　）都道府県　（　　　）市区町村		
職業	会社員　経営者　公務員　教員・研究者　学生　主婦 自営業　無職　その他（　　　）		
業種	製造　インフラ関連　金融・保険　不動産・ゼネコン　商社・卸売 小売・外食・サービス　運輸　情報通信　マスコミ　教育 医療・福祉　公務　その他（　　　）		

①本書をお買い上げいただいた理由は？
（新聞や雑誌で知って・タイトルにひかれて・著者や内容に興味がある　など）

②本書についての感想、ご意見などをお聞かせください
（よかったところ、悪かったところ・タイトル・著者・カバーデザイン・価格　など）

③本書のなかで一番よかったところ、心に残ったひと言など

④最近読んで、よかった本・雑誌・記事・HPなどを教えてください

⑤「こんな本があったら絶対に買う」というものがありましたら（解決したい悩みや、解消したい問題など）

⑥あなたのご意見・ご感想を、広告などの書籍のPRに使用してもよろしいですか？

1　可　　　　2　不可

※ご協力ありがとうございました。

ステップ4

実践と調整

実際にやってみて、うまくいかない場合は計画を調整します。「おやつを食べた後すぐに勉強を始める」のが難しい場合は、「おやつを食べた後に10分間の休憩を挟んでから勉強を始める」といった具体的な調整を行ないます。

4つのステップによって、新しい習慣を既存のルーチンに無理なく組み込むことができます。

この方法のカギは、**新しい習慣を始めるための自然な「きっかけ」をつくる**ことにあります。

すでに自動的に行なっている行動の後に新しい行動を追加することで、新しい習慣が徐々に定着していきます。

勉強などの目標達成に向けた行動が自然と習慣化されていくのです。

勉強するには欲求の強化が近道

続いて、習慣化サイクル2つ目の「欲求」について考えていきましょう。私たちが行動をするのは、欲求に動かされるからです。勉強の習慣をつけるには、「欲求」をどう扱うかが重要です。

「欲求」を強化できれば、勉強習慣をさらに強固なものにすることができます。

欲求を強化するには、どうすればいいでしょうか。答えを出す前に、ウプサラ大学動物学部アンダース・パペ・モラー氏の実験を紹介します。

ツバメのメスは、オスを尾羽の長さで判断します。尾羽が長いオスほど「モテる」わけです。そこでモラーは、オスの尾羽を少し切り取って短くし、切り取った尾羽を別のオスの尾羽に付けて長くしました。

オスの尾羽を人工的に長くしたのです。するとどうでしょう。尾羽の長いオスは、通常の長さの尾羽を持つオスよりも、メスに選ばれる確率が高くなったのです。
そして、尾羽を極端に（実際のツバメではありえないほど）長くしたオスは、尾羽を少し長くしたオスよりもメスに早く選ばれたのです。

「超正常刺激」という言葉を聞いたことがありますか。通常の刺激を超える強力な刺激で、非常に強い反応を引き出す現象です。

先ほどの実験では、極端に長い尾羽が、ツバメのメスにとって「超正常刺激」となったのです。

「超正常刺激」に強く反応するのは、動物だけではありません。私たち人間も同様です。現代の生活環境は、「超正常刺激」にあふれています。代表的なのが、ジャンクフードです。自然界に存在する食べ物よりもカロリーが極端に高く、食べ過ぎると健康に大きな害を及ぼします。多くの人がわかっているのに、ジャンクフードをついつい食べてしまうのは、ジャンクフードが私たちにとって「超正常刺激」であるからです。

他にも、アニメのキャラクターの中には、とても大きな目を持ち、目の中には光が丁寧に描かれているものがあります。現実には存在しない特徴ですが、私たちの目には魅力的に映ります。これも超正常刺激の一種と言えます。

現代の技術の進歩により、スナック菓子の人工的な味付けや、甘く改良された果物、電子楽器やコンピュータグラフィック、バーチャルリアリティなど、私たちの欲求をさらに高めています。今、世界はどんどん「超正常刺激化している」のです。

このように、行動を習慣化するには、**「行動自体をどれだけ魅力的にできるかがカギ」**と言えるでしょう。勉強を「超正常刺激」に近づけることは可能です。**勉強という行為そのものの欲求を強化することが、勉強習慣を強化してくれる**のです。

人は「実現」よりも「予測」で動く

欲求強化のために、もう一つ重要な要素をお伝えします。欲求を引き起こす**「予測」**についてです。人間の行動は、未来への予測に基づいて決定されることが非常に多いのです。「予測」が、勉強習慣の形成にどうかかわるのでしょうか。

未来の予測が行動に影響を与える「ドーパミン」に注目しましょう。脳内で重要な役割を果たす神経伝達物質ですが、私たちが将来の報酬を期待する際に放出され、行動を起こす「欲求」を高める効果があります。

ケンブリッジ大学神経科学科教授のヴォルフラム・シュルツ氏らは、サルを対象とした研究で明らかにしました。

実験では、特定の光が点灯した後にレバーを押すと、甘い果汁が与えられるという装置を使いました。サルに対して、条件を設けたのです。サルは光が点灯した瞬間に、果汁の報酬が得られることを予測するようになります。

実際に報酬が与えられる前、光が点灯した段階で、サルの脳内のドーパミンは増加していました。これは、「報酬」ではなく、**「報酬予測」**によってドーパミンが放出されることを示しています。

このように、脳は「報酬予測」に対して非常に敏感に反応し、私たちが行動を起こす意欲を高めます。

では、勉強の習慣化のために、「報酬予測」をどのように活用すればよいでしょうか。

まず、**勉強自体を「報酬」として認識することが重要**です。

「テストで高い点をとる」や「知識が向上する」といった将来得られる報酬を、できる限り明確にイメージし、その達成を楽しみにするのです。

勉強での成功を予測することで、学習プロセスの一つひとつが報酬として感じられるようになり、勉強を続ける「欲求」が高まります。

さらに、勉強の習慣化を助けるには、小さな目標を設定し、その達成を予測することが有効です。第1章で紹介した「ＳＭＡＲＴ」を活用した目標設定です。

大きな目標の前に設定することで習慣化にもつながるのです。小さな目標を達成するたびに、「達成感」として認識し、勉強後に得られる満足感を報酬として捉えることができます。

このように、ドーパミンの放出が促され、日々の学習の積み重ねがやがて大きな成果へとつながる感覚を持つことができるのです。

好きなことと一緒に勉強すると、習慣化がはやい

習慣化したいことと、自分の「好きなこと」を一緒に行なうことで、勉強を習慣化することができます。

ステップ❶

活動を明確にする

まず、あなたが習慣化したい活動を明確にします。「毎日30分間の数学の勉強」や「週に3回、英語の単語を覚える」といった具体的な目標を設定しましょう。目標をはっきりさせることで、何に対して適用するのかが明確になります。

ステップ❷

好きなことをリストアップする

次に、自分の「好きなこと」をリストアップします。これは、「音楽を聴くこと」「特定のテレビ番組を見ること」「好きなスナックを食べること」など、あなたが楽しんで行なう活動です。このステップでは、勉強や習慣化したい活動をする前や、その最中に楽しむためのものを選ぶことがポイントです。

ステップ❸
2つを組み合わせる

最後に、習慣化したい活動と「好きなこと」を組み合わせます。「数学の勉強を30分やったら、その後で15分間お気に入りの音楽を聴く」といった具合に、勉強やタスクの前後に楽しい活動を配置します。

同時並行できるものなら、「お菓子を食べながら勉強する」のようにしてもよいでしょう。この組み合わせにより、勉強やタスクを始めるモチベーションを高めるとともに、終えた後の満足感や報酬も得られます。

この3ステップを繰り返すことで、徐々に勉強やタスクが習慣化され、最終的には「好きなこと」なしでも、活動を自然と行なえるようになります。

重要なのは、はじめは小さな目標から始めて徐々にステップアップしていくことです。これにより、挫折することなく、習慣化に成功しやすくなります。

人間は、もともと「楽をしたい」と願う生き物です。これは、はるか昔からの進化の過程で、生き延びるために磨かれてきた行動パターンの一つだと言われています。

脳は、私たちの体でエネルギーを一番多く使う器官で、安静時でもエネルギー消費の約20％を占めているそうです。

だからこそ、脳はエネルギーをなるべく効率よく使おうと進化してきたのです。この「楽をしたがる」気持ちは、エネルギーを上手に使おうとする努力の結果でもあるんです。

食料が乏しかった時代には、エネルギーを無駄にしないことが生き残るうえで非常に重要でした。そのため、少しでも効率的に行動する選択をすることが、子孫に遺伝子を残すうえで有利だったんですね。

人は新しいことを学ぼうとするときも、本能的に「楽をしたい」と思います。これは「快適ゾーン」という心理状態が関わっています。

新しい挑戦をするとき、私たちの脳は不安やストレスを感じがちです。けれども、学習が進むと、その活動は快適ゾーンの一部になり、脳はそれを「楽」と感じるようになるのです。このプロセスを経て、私たちの脳は新しいスキルを効率的に身につけようとするわけです。

しかし、現代社会では、この「楽をしたがる」本能が、時に罠になることもあります。食べ物が豊富にあり、体を動かす必要が少ない環境では、過食や運動不足といった問題が起こりやすいです。

インターネットやソーシャルメディアの利用は、ドーパミンの即時報酬を与えてくれますが、それが長期的な満足感や幸福感につながるわけではないのです。

つまり、脳が「楽をしたい」と願う本能は、今の社会では必ずしも最善の結果をもたらすわけではないということです。

目に見える「勉強量」を最小化する

勉強に取り組む際、「量」の管理が重要です。**学習内容の量を減らすことで、始めやすさを格段に上げる**ことができます。これには、心理的な障壁を下げ、学習意欲を促進する効果があります。

多くの情報を一度に処理しようとすると、圧倒されてしまい、勉強を始めること自体が億劫になりがちです。しかし、学習量を適切に限定することで、タスクにより取り組みやすくなり、結果的に学習効率が向上します。

私は高校時代、数学の参考書を分野ごとに裁断して勉強していました。私が使っていた参考書は、持ち運ぶにはとんでもなく分厚く重たかったのです。数学は基本自宅で勉強すると決めたのですが、その重量感から、開くことすら億劫になってしまいました。

しかし、1日に勉強するのはほんの数ページ、多くても10ページ程度だったので、そこだけを分離して持ち運ぶことはできないか？と考えました。

カッターや製本テープを使い、分野ごとに参考書を切り分け、小冊子にすることにしたのです。するとどうでしょう。持ち運ぶのが簡単になったので、そのとき勉強する分野だけを常に持ち歩くことにしました。家で勉強する際も、以前より開く回数が圧倒的に増えたのです。

この方法は、参考書の厚みや重さといった物理的な障壁を減らすだけでなく、**学習内容を細分化することで心理的な負担も軽くしていた**ようです。

私の友人の中には、1ページずつ参考書を破って持ち歩き、すきま時間に勉強するという強者もいました。

ここで重要なのは、とにかく楽そうに見えるようにし、勉強に取り掛かる際のハードルを下げることです。

要点だけをまとめた小さなノートを作り、外ではそれを勉強するというやり方も効果的です。

私は高校時代、要点をまとめたA6サイズのノートをいつも持ち歩いていました。とても小さくスペースをとらないので、気軽にどこへでも持っていける点がお気に入りでした。1冊に全教科の要復習ポイントをまとめていたので、重宝していたのを覚えています。電車での通学中にも、さっと開いて勉強することが習慣になっていました。このサイズのノートに味をしめた私は、まとめノートだけでなく、授業ノートをすべてA6サイズにしていた時期もあります。

小さなノートを持ち歩く習慣は現在も続いており、散歩中に思いついたことをメモしたり、人と話した内容で覚えておきたいことを書き留めたりするのに使っています。

心理的負担となるわからない問題への3つの対処法

わからない問題が出てきたとき、どのように対処すればよいのでしょうか?

「わかるまで考えろ！　それが勉強だ！」、そんなふうに言う先生がいたとしても、そのような勉強法は非効率的であるばかりでなく、勉強の習慣化とは程遠い方法です。もちろん、わからないことを「試行錯誤して」考える、そのこと自体を楽しめている場合は問題ありません。

考えても考えてもわからない、という状態は、とても辛いものです。百歩譲って、そのときはまだよいとしましょう。しかし、そのような辛い状態を脳は避けようとしますから、習慣化の大きな障害になるでしょう。

ではどうしたらよいか。次の3つの方法を使いましょう。

対処法❶
飛ばす

まずは、その部分は飛ばして次に進みましょう。勉強内容や使っている教材によっては、次以降の内容を読んでいくことで、わからなかった部分が理解できる種類のものがあります。

しかし、その「わからない部分」がそれ以降の内容を理解するために、必要不可欠な知識である場合があります。そんなときは、読み進めば進むほど、内容がどんどんわからなくなっていくはず。内容が理解できない部分が3分以上続いた場合、対処法❷へ移行します。

対処法❷
寝かせる

「飛ばす」を行なっても理解できない時間が続いた後は、一晩その箇所は寝かせましょう。わからない箇所をノートにメモするか、ふせんをつけたら、その日その教材の勉強はストップするのです（分野ごとに1冊の教材が分かれている場合、違う分野に進むのはOK）。

人間の記憶は、寝ている間に整理されます。次の日に再度見直すと、昨日わからなかったことが嘘のように、すっと理解できるときがあります。ちなみに、これは私自身も数えきれないほど経験しています。本当に人間の脳は不思議なものです。

対処法❸
できる人に聞く

寝かせてもわからなかった箇所は、すぐに先生や友人など、質問できる人に教えてもらいましょう。勉強中にわからないことが出てきた場合、一晩寝かせても解決しないときは、周りの人に相談することをおすすめします。

なぜなら、**人に聞くことで新しい視点を得ることができる**からです。長時間一人で考え続けると、思考が固定化しやすいですが、他人に質問することで、問題を異なる角度から見る機会を得られます。そうすることで、わからなかった箇所を理解できるだけでなく、その分野の「センス」を養うこともできます。

また、**勉強への意欲を維持することもできる**でしょう。理解できない問題が解決しない状態が続くと、学習意欲が低下することがあります。しかし、誰かに助けを求めることで、解決への道を進んでいると感じることができ、学習へのモチベーションが再び高まります。

ぜひ積極的に、わからない問題を周りに質問してください。また、自身が質問をされたときも、快く答えるようにしましょう。

勉強をなかなか始められない人は、とりあえず1分頑張る

ここまでは、勉強を「楽」から遠ざけている原因である「量」と「難易度」についてお伝えしてきました。最後に「時間」について見ていきましょう。

先に説明した通り、長時間勉強しなければならない！という思い込みは、勉強の習慣化から程遠いものです。

そこで、「1分」区切りで勉強するのです。

やり方はとっても簡単です。

1. **やるべき教材を目の前に広げる**
2. **タイマーを1分にセットする**
3. **タイマーが鳴るまで勉強を続ける**

たったこれだけです。タイマーが鳴ったら、勉強を終了してOK。でも、もし「もう少しできるな……」と思ったら、そのまま続けてみましょう。

この方法で、これまで教えてきた数多くの生徒が、勉強を習慣化することができました。

「1分でもいいと思うとすごく始めやすい。1分でほんとにやめちゃうことも多いけど」

これは、北海道大学に合格した生徒が実際に言ってくれた言葉です。

ここに至らない人には、さらに効果的な方法を教えましょう。

1分もいりません。数秒です。この方法を用いることで、勉強に対するハードルがものすごく下がります。やることはたった2つ。

❶ 教科書や参考書を開く

❷ ペンを持つ

以上です！　❷まで進んだら、そこで勉強をやめても構いません。

「でも、本当にやめてしまったら意味ないですよね？」という質問をよく受けます。ですが、本当にペンを持った後、勉強をやめてしまってもよいのです。

行動の模倣といって、習慣化したい行動の「マネ」をすることで、その行動を実際に行なうことへの抵抗感が減ることが研究で明らかになっています。これは本当に誰でもできる方法ですので、ぜひ取り入れてみてください。

脳は、長期的な見返りよりも、手早く得られる「報酬」を好む

ここまで、習慣の4ステップのうち、「きっかけ」「欲求」「反応」のデザイン方法について見てきました。最後に「報酬」です。

この章の最初では、「お菓子」を例に挙げました。お菓子を食べた際の「おいしい！」という感覚が、脳に満足感を伴った「報酬」として認識されます。これも至極当たり前なようですが、**人は満足した行動を繰り返す**のです。

逆に、「満足できなかったもの」について、繰り返すことはありません。行動後にポジティブな感情になれば、その行動は習慣になりやすく、逆にネガティブ感情が生まれてしまう行動を習慣にすることは大変難しいのです。

そしてここが、勉強を習慣化できない大きな理由でもあります。なぜなら勉強は、行な

った「直後」に大きな満足感を得ることは難しい行動だからです。ここで、「報酬」について少し深掘りしてみます。

報酬は、大きく分けて2種類あります。1つが、「即時報酬」と呼ばれる、今すぐに手に入る報酬のことです。「お金をもらう」「チョコレートを食べる」「ゲームをする」など、すぐに得られる快楽や利益を指します。

もう一つは、「遅延報酬」と呼ばれる、後になって手に入る報酬です。勉強を続けて資格試験に合格することや、節約して将来のためにお金を貯めることは、遅延報酬です。

マサチューセッツ工科大学の教授を務め、ノーベル経済学賞も受賞したポール・サミュエルソンは、私たち人間には、「(現在の)価値を将来の価値よりも高く評価する傾向＝現在バイアス」があることを、数学的に説明しました。

「今すぐ1000円をもらう」と「1年後に1100円をもらう」のどちらがいいかという選択肢があった場合、多くの人は即時報酬である1000円を選びがちです。これは、将来の1100円の価値が現在の自分にとってそれほど高くないと感じる「時間割引」が働いているからです。

将来の「大学合格」や「資格試験合格」などの遅延報酬は、現在の自分にとって無意識に時間割引が働いてしまっているのです。その結果、「勉強をしないでスマホゲームをする」という、即時報酬が得られる行動を優先してしまうのです。

私たちが人間である以上、目の前の利益を強く意識してしまい、将来の利益を過小評価してしまうことは避けられません。そのため、即時報酬が得られる行動は習慣化しやすく、遅延報酬が得られる勉強は、なかなか習慣化できなかったわけです。

ではどうすれば、勉強をもっと習慣化できるのでしょうか。

ここまで紹介してきた方法に加えて、次の方法を実践していくことで、勉強から即時報酬を得られるようにしていけばよいのです。

勉強は長期的な目標なので、すぐに満足できるしかけをつくる

人間は生まれつき即時報酬を好む傾向にあります。この性質は昔から、生き延びるためにとても重要でした。現代社会でも、私たちの行動や決断に大きな影響を与えています。

特に、勉強のように長期的な報酬を目指す活動では、この性質をうまく活用することが、習慣づけやモチベーション維持のカギになります。即時報酬を上手に取り入れる4つの方法を紹介します。

行動❶

勉強後に好きな甘いものを食べる

勉強の成果はすぐには見えにくいものです。そこで、勉強が終わったら好きな甘いものを食べましょう。これで、すぐに嬉しい気持ちになれますし、次に勉強するときのやる気も上がります。

好きな甘いものを食べることで、疲れた脳に糖分を補給し、リフレッシュできます。この習慣が勉強をポジティブな体験として記憶させてくれます。しかし、食べすぎは体に毒なので、ほんの少しの量にしておきましょう。

行動❷

休憩時間に好きなことをする

勉強の合間の休憩は集中力を取り戻す重要な時間です。休憩中に好きなことをすることで、休憩を楽しみにし、勉強へのモチベーションを保てます。音楽を聴いたり、動画を見たり、ストレッチをしたりしましょう。楽しいことを見つけて、休憩を楽しみましょう。

行動❸

勉強専用の場所や道具を用意する

勉強のための特別な場所や道具を用意することも、即時報酬を感じるいい方法です。お気に入りのカフェで勉強したり、特別なノートやペンを使ったりすることで、勉強を特別なイベントとして捉えられます。この方法で、勉強するための環境を整え、学習への意欲を引き出します。

行動4

勉強の記録をつける

勉強したことを記録して、自分の努力を可視化するのもいい方法です。これで、どれだけ勉強して、どれだけ続けているかを目で見て確認できます。

自分の努力を形として見ることができれば、即時の達成感を味わえ、自己効力感もアップして、長期的な目標へのモチベーションも維持できます。

私は高校生の頃、「勉強貯金ノート」というものを作っていました。そこでは、勉強時間を「貯金」に見立て、「日」「週」「月」「年」「ノートのつけ始めたときからの合計」の勉強時間を記録していました。

この数字が積み上がっていくことが、ある種の快感となり、私の勉強に対する報酬になっていたのです。また、「勉強継続日数」を記録することで、勉強ゼロの日をつくらないよう工夫しました。

これらの方法を使って、即時報酬を好む私たちの性質を理解し、勉強に活かしてみましょう。**小さな成功体験を積み重ねることで、勉強をよりポジティブなものに変えることができる**でしょう。

習慣化のゴールは、続けることが「報酬」となる瞬間

勉強が習慣になり始めると、非常に興味深い現象が起こります。最初は外からの報酬を目指して始めた勉強が、徐々に内側からの報酬を求める活動に変わってくるのです。**「続けること自体が報酬」となり、外からの報酬は次第に必要でなくなっていきます。**この段階に達すると、**「勉強している自分」に対する自信と自己肯定感が増し、これが新たなやる気の源泉となり、学習を続ける力に変わります。**

自信と自己肯定感は、勉強が単なる知識の増加だけでなく、自己成長の過程であると感じさせてくれます。この過程を通じて、「遅延報酬」としてのテストでのいい点数や成績の向上などの成功体験が自然と得られます。

遅延報酬としての成功体験は、勉強への取り組みを強化し、学習活動をストレスフリーなものに変えてくれます。

「ストレスフリー」とは、学習活動が苦痛ではなく、楽しいものになるということ。これは、外からの報酬や成績を追いかけるのではなく、学習そのものから得られる満足感や自己実現の喜びに焦点を当てるようになるためです。この心理的な変化は、勉強を続けるうえでのプレッシャーや不安を軽減し、結果的に効率的で持続可能な学習方法へと導きます。

成功体験が積み重なることで、自信がさらに増し、新しい挑戦への意欲も湧いてきます。たとえば、一度テストでいい成績を収めた経験があれば、次のテストにも前向きに取り組むことができるでしょう。成功体験は自己効力感を高め、勉強へのポジティブな循環を生み出すのです。

勉強の習慣化は一朝一夕にはいかないものですが、コツコツと続けることで、必ず成果は表れます。自分自身を信じ、諦めずに挑戦し続けましょう。

そして、挑戦する中で感じる喜びや成長を大切にしてください。それが、勉強を続ける最大のモチベーションとなるはずです。

第3章

勉強効率が爆上がりする休息と睡眠

勉強ができる人ほど、睡眠をおろそかにしない

「寝る子は育つ」とはよく言ったもので、成長期の睡眠が、体の成長に非常に重要であることが、科学的にはっきりとわかっています。ですが、睡眠が重要なのは若年層に留まりません。睡眠は、すべての年代の体と心にとって、非常に重要な役割を果たしています。

いい睡眠は、ストレスを減らし、日々の活動に必要なエネルギーを充電してくれます。

しかし、現代人の多くが、十分な睡眠を取っていない現実があります。

「ストレスフリー勉強法」の中でも、睡眠は非常に重要な位置を占めます。なぜなら睡眠不足は、ストレスホルモン、特に「コルチゾール」のレベルを上昇させることがわかっているからです。

コルチゾールは、体がストレスに反応する際に分泌されるホルモンです。その量が適切

であれば問題はないのですが、過剰になるとさまざまな問題を引き起こします。

睡眠不足が続くと、私たちの体はストレスに対してより敏感になります。これは、小さな日常の出来事でさえ、過剰なストレス反応を引き起こす原因となります。

たとえば、いつもの交通渋滞や、家族・友人の何気ない一言に、異常にイライラしてしまう日。そんな日は睡眠不足であることが多いのではないでしょうか。

睡眠不足は私たちのストレス感受性を高め、メンタルに悪影響を及ぼすのです。

睡眠不足によるストレスの増加は、集中力の低下、記憶力の低下、情緒不安定といった、日常生活におけるさまざまな問題を引き起こします。

授業に集中できなかったり、大切な会話の内容を忘れたりすることにつながりますし、情緒不安定になると、友人や家族との関係に亀裂が生じることもあるかもしれません。

睡眠時間が短い人は、十分な睡眠を取った人に比べて、翌日のコルチゾールレベルが高いことが示されています。これは、睡眠不足がストレスレベルを直接的に上昇させるということです。

十分な睡眠を取ることは、日々のストレスに打ち勝ち、生活の質を向上させるための第一歩です。良質な睡眠は、ストレスホルモンであるコルチゾールの調節に重要な役割を果たします。適切な睡眠時間を取ることで、コルチゾールレベルを適切に管理し、日中のストレス反応を減らすことができます。

また、睡眠は感情の安定化にも寄与し、私たちをポジティブな気持ちにしてくれます。いつもよりゆっくり寝ることができた休日の朝は、とても清々しい気持ちになれますよね。いい睡眠をしっかり取ることで、私たちは明るく、そして優しくなれるわけです。

さらに、いい睡眠は日々の挑戦に対処する能力を向上させてくれるため、ストレスを受けたときの影響も緩和されます。

いい睡眠によって記憶力が高まる

睡眠は、記憶の形成、固定化、そして整理に不可欠な役割を担っています。学習した情報は、はじめに短期記憶として脳に一時的に保存され、その後、長期記憶への移行が必要になります。この移行プロセス、つまり**記憶の固定化は、主に睡眠中に行なわれる**ことがわかっています。

睡眠には大きく2種類、「ノンレム睡眠」と「レム睡眠」があるのですが、それぞれが異なる種類の記憶の固定化に関与していると言われています。

ノンレム睡眠では、睡眠の初期段階で、「宣言的記憶」が整理されていると考えられています。宣言的記憶とは、英単語や数学の公式など、事実やデータ的な記憶のことです。

一方、レム睡眠は、「手続き的記憶（自転車の乗り方やピアノの弾き方など、体で覚えるタイプの記憶)」や問題解決能力、創造性に関連する記憶の処理に重要で、特に睡眠の後半に多く発生します。

睡眠中、脳はその日に学習した情報を整理し、重要な情報を長期記憶に選り分けて保存します。そういった意味でも、**睡眠の「量」を適切に確保し、「質」を高めることは、効率よく勉強していくためには必要不可欠**です。

睡眠不足は記憶の形成と定着に悪影響を及ぼし、新しい情報の学習能力の低下だけでなく、すでに学習したことの記憶の弱体化も引き起こします。

さらに、注意力や集中力の低下ももたらし、勉強の効率を悪くしてしまいます。睡眠は勉強と切っても切れない関係にあるのです。

勉強できない人が続けている睡眠に関する誤解

多くの人が、平日の睡眠不足を週末に「寝溜め」することで補えると考えがちです。しかし、コロラド大学ボルダー校のケネス・P・ライト・ジュニア博士の研究によると、睡眠不足による認知機能の低下や健康への悪影響は、短期間で簡単には回復しないことが示されています。

週末に長時間寝ることで、一時的に体がリフレッシュする感覚を得られるかもしれませんが、体内時計が乱れ、結果的に睡眠の質がさらに悪化する可能性もあります。

人々はしばしば、個人の生活スタイルや好みに応じて、自分を朝型（早起きが得意な人）や夜型（夜更かしが得意な人）に変えることができると考えます。

特に、「早起きは三文の徳」という言葉がある通り、朝型は夜型に比べてもてはやされる傾向にあります。

しかし、朝型か夜型かは、主に私たちの体内時計と「遺伝的要因」によって決まっているそうです。

もちろん、生活習慣の変更によってある程度睡眠パターンを調整することは可能です。たとえば、毎晩同じ時間に就寝し、毎朝同じ時間に起床することで、体内時計をリセットし、朝型の生活リズムに近づけることはできるでしょう。

ただこれは個人の生物学的傾向に反する場合があり、自然に朝早く起きることや、夜遅くまで活動することが困難な人もいるのです。

したがって、**「努力すれば誰でも朝型または夜型になれる」という考えは誤解**なのです。

ショートスリーパーとは、平均的な人よりも少ない睡眠時間で済む人々のことを指します。一部の人々は、毎晩6時間未満の睡眠で十分と感じ、日中の活動に支障がないと報告しています。

しかし、このような短い睡眠時間でも日中のパフォーマンスが変わらない人は稀であり、多くは「自称ショートスリーパー」です。単に短い睡眠に「慣れた」だけであり、パフォーマンスが低い状態が通常になっているだけなのです。

実際、**ほとんどの成人には毎晩6〜8時間の睡眠が必要**ということがわかっています。それより少ない睡眠時間を長期間続けると、健康への悪影響が生じる可能性が高いのです。

ショートスリーパーになることは、主に遺伝的要因によるものであり、単に睡眠時間を短くする「努力」によって達成できるものではありません。

睡眠時間を無理に短縮することは、睡眠の質を低下させ、記憶力、集中力、免疫機能の低下など、多くの健康問題を引き起こすリスクがあります。

したがって、「努力でショートスリーパーになれる」という考えは誤解であり、自分にとって最適な睡眠時間を見つけ、質の高い睡眠を確保することが重要です。

勉強に最適な睡眠時間を知る

それでは、自分にとって最適な睡眠時間はどのように見つけたらいいでしょうか？　ここでは2つの方法を紹介します。

方法❶

寝る時間を少しずつ変えてみる

最適な睡眠時間を見つけるための第一歩として、まずは自分の現在の睡眠パターンを一定期間維持してみましょう。

1週間、毎晩同じ時間にベッドに入り、毎朝同じ時間に起きるようにします。このルーチンは休日も例外ではありません。この期間を通じて、自分の体がどの程度の睡眠を必要としているか、また、日中の気分や活動レベルにどのような影響を与えるかを観察します。

次に、寝る時間を15～30分延長し、その変更がどのように体感に影響するかを注意深く観察します。もし、まだ眠気が残るようであれば、さらに15～30分、睡眠時間を延ばしてみてください。

しかし、もし「これ以上は寝られない」と感じるか、逆に日中の眠気やだるさが増すようであれば、寝る時間を少し短縮してみることが重要です。

このプロセスを繰り返すことで、自分にとって最も快適で、体調がいい睡眠時間を見つけることができます。

方法❷

自然な睡眠サイクルを見つける

もう一つのアプローチとして、自分の体が本来必要とする睡眠時間を自然に見つけ出す方法があります。これを行なうには、5日間連続して毎晩同じ時間に就寝し、朝はアラームを設定せずに自然に目覚めるまで寝続けます。

この期間中は、外部からの干渉を極力排除し、体が自然に要求する睡眠を取ることを目指します。

この実験を通じて、初日や2日目は通常の睡眠不足が解消される形で、長時間睡眠になるかもしれませんが、徐々に体が本来のリズムを取り戻し、自然と一定の睡眠時間に落ち着きます。

5日間の期間を経た後、6日目に自然に目覚めたときの睡眠時間が、あなたにとっての理想的な睡眠時間のいい指標となります。5日間たっぷり睡眠を取ることで、睡眠負債を解消し、自分に必要な睡眠量を見直すことができるのです。

睡眠の質を高める

睡眠には、脳が目覚めている状態で体が休んでいる「レム睡眠」と、体も脳も深く休息している「ノンレム睡眠」があることは、先に述べた通りです。

中でも、眠りについた直後のノンレム睡眠は特に重要で、最初の90分は「眠りのゴールデンタイム」と言われています。この時間帯に深い眠りにつくことが、質の高い睡眠を得るためのカギです。

最初の90分間深く眠ることで、多くのメリットが得られます。

メリット❶

自律神経の調整

深い眠りは自律神経を整え、心身ともにリラックス状態に導きます。これにより、健康全般にいい影響を及ぼします。

メリット❷

成長ホルモンの分泌

最初の90分間に成長ホルモンが大量に分泌されます。成長ホルモンは、体の回復プロセスに不可欠です。

成長ホルモンは若い人にはもちろん、成人した大人にも非常に重要です。90分の深い眠りで必要な成長ホルモンの約80％が分泌されるとも言われ、体の修復に大きく寄与します。

メリット❸

脳のリフレッシュ

最初にノンレム睡眠を深く取ることで、その後のレム睡眠も良好になり、結果としてぐっすりと眠ることができます。

最初の90分の質を高めるために必要なのは、「体温を適切に下げること」です。体温を適切に下げることは、スムーズに眠りにつくためにとても重要で、それには手足を温めることが有効です。

また、体温を下げるためには、お風呂の入り方も大切。布団に入る90分前にお風呂に入ると、体温が一時的に上昇し、その後自然に下がります。これにより、深い眠りにつきやすくなります。

忙しい受験生や社会人は、ついシャワーで済ませがちですが、ストレスフリーな生活のためにも、39～40度のぬるめのお湯に、20分程度はつかるようにしてみてください。

いい睡眠を取るためには、寝室環境を整えることも非常に重要です。

理想的な室温は、約16～22度の範囲と言われています。この温度範囲では、体が自然と深い睡眠に入りやすく、快適に眠ることができます。室温が高すぎると、体温調節のために睡眠中に何度も目覚める可能性があります。

逆に、室温が低すぎると、体が冷えて眠りにくくなります。エアコン、扇風機、暖房器具を適切に使用して、室温を適度に保つことが重要です。

私は、夏も冬もエアコンをつけっぱなしにして眠ります。電気代が少し気になるところですが、「ストレスフリー」のためには必要な投資だと考えています。

湿度もまた、快適な睡眠環境をつくるために大切な要素です。理想の湿度は40～60%程度とされています。湿度が低すぎると、喉や鼻の乾燥を引き起こし、睡眠中に不快な思いをするでしょう。湿度を適正に保つためには、加湿器や除湿器の使用が効果的です。

また、夏でも薄いタオルケットをかけておくのがおすすめ。なぜなら、人間は寝ている最中も自然と体温調節を行なっており、タオルケットをかけておくことでその調節がしやすくなるからです。

さらに、**寝る前に行なう軽いストレッチは、睡眠の質を向上させる**ための効果的な方法の一つです。

軽いストレッチは、心身のリラックスを促進し、睡眠に入りやすい状態をつくり出すのに役立ちます。

ハーバード大学医科大学院のドン・フーン・リー助教授らの研究でも、定期的な身体活動やストレッチが睡眠の質を向上させることがわかっています。特に、一日の終わりにリラックスするためのストレッチやヨガのポーズを行なうことが、よりいい睡眠につながると報告されています。これらの活動は、筋肉の緊張を和らげ、心身をリラックスさせることで、心拍数を下げて睡眠に入りやすくします。

ストレッチは、ストレスや不安を軽減する効果も持っています。不安は睡眠の質を低下させる大きな要因であるため、これらを軽減することは睡眠の質の向上に直結します。

寝る前に軽いストレッチを行なうグループと、そうでないグループを比較した研究があります。ストレッチを行なったグループは入眠時間が平均約8分短縮され、睡眠の質が5%向上したことが報告されています。

寝る前のストレッチは、激しい運動ではなく、体をリラックスさせることを目的とした軽いものにしましょう。深呼吸を組み合わせながら、各ストレッチを30秒から1分間程度、ゆっくりと行ないます。

特に背中、肩、首、脚のストレッチが効果的です。これらの部位は日中の活動で緊張が溜まりやすく、リラックスさせることで睡眠の質の向上につながります。

私の場合、ストレッチポールを活用したストレッチを毎日行なっています。適度な硬さのポールの上に15分程度寝転び、深呼吸を繰り返すだけなので、非常に簡単です。

この習慣を取り入れることで、よりいい睡眠が得られるだけでなく、日中のパフォーマンス向上にもつながります。

勉強に有効な仮眠の質を高める4つの方法

仮眠は、日中の疲労回復や集中力の向上に非常に効果的な手段です。適切に取ることで、仕事や勉強の効率を大幅に上げることができます。

ここでは、理想的な仮眠の取り方を解説します。いい仮眠は、記憶力、注意力、創造性を高めてくれるため、とてもおすすめです。

方法❶

仮眠の時間は10～20分

仮眠の理想的な時間は、10～20分です。このような短い時間であっても、体と脳の疲労回復に効果があり、日中の集中力を高めることができます。

20分を超える仮眠を取ると、脳は深い睡眠に入ってしまい、目覚めたときにぼんやりとした感覚（睡眠慣性）を引き起こしてしまいます。

方法❷
環境を整える

仮眠の効果を最大限に引き出すためには、静かで暗い環境を整えることが重要です。リラックスできる体勢を取り、可能であれば目隠しや耳栓を使用して、外部の光や音の干渉を最小限に抑えましょう。静かで暗い環境は、短時間で深いリラックス状態に入るのを助けます。

方法❸
カフェインの摂取

仮眠前にカフェインを摂取することで、目覚めたときのスッキリ感を高めることができます。カフェインは体内での効果を発揮するまでに少し時間がかかるため、仮眠直前にコーヒーなどを飲むことで、起きたときにカフェインの効果が表れ、より爽快に目覚めることができます。

方法4

アラームをセットする

仮眠の時間を守るために、目覚まし時計を20分後にセットしましょう。これにより、深い睡眠に入ることなく、適切なタイミングで目覚めることができます。目覚めた後は、すぐに活動を始めることで、ぼんやり感を払拭し、日中の活動に備えることができます。

以上、4つのポイントをおさえて行なってみてください。

いい睡眠が勉強の質を変える、知っている人は実践しています。日々のパフォーマンスにも影響してくるので、変えられるところから変えていきましょう。

第4章

勉強にかかせない食事と運動の関係

なぜ運動は、勉強に効果があるのか？

人類の歴史を振り返ると、私たちの先祖は何百万年もの間、狩猟・採集で生活してきました。この長い時間を通じて、人間の体や脳は、常に移動し、活動することを前提に進化してきたのです。

進化というプロセスは、非常にゆっくりとしたものです。変化が明確に表れるには、何万年もかかります。

そのため、私たちの脳は「動く」ことに最適化されています。動き回ることが、文字通り生き残るためのカギだったからです。

狩りをするにも、食べ物を探すにも、身を守るにも、常に体を動かしていました。このような活動が、生存に直結していたのです。そうした過去があるため、私たちの脳は、動くことを好み、動いたときに最も効率よく機能するように進化しました。寝る前のストレッチに効果があるのも、関係があるかもしれませんね。

しかし、現代に生きる私たちは、先祖とは大きく異なる生活を送っています。今日の生活は、以前と比べて非常に「動かなく」なりました。技術の発展により、食べ物を手に入れるために長い距離を歩いたり、物理的な労力を必要としたりすることが大幅に減少しました。

生活の多くの面で、かつてのような身体活動を必要としなくなったのです。その結果、動かなくても生きていくことが可能になりました。

ですがここで重要なのは、私たちの脳が、今も昔も変わらず、狩猟・採集をしていた時代のものであるという事実です。

私たちの生活様式が変わったとしても、私たちの脳の構造や基本的な機能は、何万年もの間ほとんど変わっていないのです。このギャップが、現代人が直面するさまざまなストレスや問題の一因となっています。

体を動かすことで、私たちの脳はより効率よく、そして快適に機能するようプログラミングされています。

運動は、単に身体的な健康だけでなく、精神的な健康にもいい影響を与えるのです。学校での勉強、仕事、日常生活の中で、適度に体を動かすことを心がけることは、ストレスフリーで充実した生活を送るための超重要な要素なのです。

勉強するには運動するしかない絶対的な理由

運動が習慣になると、ストレスに対する抵抗力を高める効果があるのです。これは、運動によって体だけでなく、脳も鍛えられていることを意味します。つまり、**ストレスを感じにくくすることができる**のです。

運動の驚くべき効果はそれだけではありません。運動をすることで、脳内にはさまざまな物質が分泌されます。その中でも、次の3つの物質は、勉強と大いに関係しています。

❶ ドーパミン

ドーパミンは、第2章でも詳しく解説したように、報酬や快楽と関連する神経伝達物質です。ドーパミンの分泌により、勉強のやる気が高まり、集中力と注意力が向上します。

ドーパミンは、前頭葉の活動も促進するため、計画を立て、やることを決定し、自分のやるべきことに集中する力が向上します。

また、ドーパミンは「海馬」での記憶形成プロセスにも関与して、学習した内容を長期記憶へ移行させる手助けもしてくれます。

❷ ノルアドレナリン

ノルアドレナリンは脳を覚醒状態に保ち、眠気を抑えることで集中力を高めます。これにより、勉強に取り組む際の注意力が向上します。

また、ドーパミンと同様に、記憶の形成と定着にも関与しています。特に、新しい情報を学ぶ際や、試験前の復習などで重要な役割を果たします。

❸ セロトニン

セロトニンは「幸福ホルモン」とも呼ばれ、不安やストレスを軽減し、リラックスした状態をつくってくれます。

また、セロトニンは集中力の向上にも寄与します。気分が安定し、リラックスしている状態にし、注意が散漫になるのを防いでくれるわけです。

さらに、セロトニンは睡眠のリズムを整えることで、良質な睡眠を促進してくれます。前述した通り、いい睡眠は記憶の定着に不可欠ですし、ストレスも解消してくれますから、「ストレスフリー勉強法」には欠かせません。

加えて、運動によって前頭葉が活性化されることも知られています。前頭葉は、計画立案、意思決定、行動の抑制など、私たちの「高次脳機能」を司る部位です。

運動を習慣にしている人は、前頭葉の機能が強化されるだけでなく、脳の他の領域との連携も強くなります。これにより、脳全体の調和が取れ、さまざまな認知機能が向上します。前頭葉の活性化と脳の他の領域との連携の強化により、「自制心」が高まることも知られています。

つまり、**運動することでやる気が出て、集中力が高まり、記憶力は強化され、創造性まで向上し、さらには自分をコントロールする力まで手に入ってしまう**ということです。ここまでくると、試験に合格するためには、運動しない手はないですよね。

勉強に最適な運動「ランニング」

さまざまな観点から見て、勉強のために一番いい運動は「ランニング」です。

運動強度としては、最大心拍数の70％程度まで上がるレベルがよいでしょう。これは、走りながら少し話すことはできるものの、長い会話を続けるのは難しいレベルの息切れを感じる程度の強度です。これを30分程度行なうことで、非常に高い効果が得られます。

しかし、ウォーキングでも十分な効果が得られることがわかっています。そのため、まずは20分程度のウォーキングから始めるのが個人的にはおすすめです。頻度としては、週に2回以上行なうことを目標にしてください。

ランニング（またはウォーキング）を行なう時間ですが、午前中に時間が取れると最高です。午前中に行なうことで、午前〜午後にかけて、非常に高い集中力を発揮することが期待できます。

もちろん、午後に行なっても十分な効果がありますが、夕方以降にランニングをする場合は注意。睡眠の質に悪影響を及ぼす可能性があるからです。夕方以降に運動を行なう場合は、ウォーキングにしておきましょう。

これらの運動を、自然豊かな場所でできると非常に理想的です。なぜなら、自然との触れ合いもストレス解消に大きな効果があることが明らかになっているからです。

私は週に4回ほど、1回あたり30分、森の近くを通る散歩道をジョギング（ランニングとウォーキングの中間くらいのスピード）しています。

週に2回以上、1回30分程度のランニングと聞くと、ハードルが高いと感じる人も多いかと思います。ですが、カリフォルニア大学アーバイン校のマイケル・ヤッサ教授の研究では、2分間の軽い運動でも、その後2時間の記憶力と集中力が高まったという結果も出ており、少しでも運動することは勉強にとってメリットがあることがわかっています。

ここではランニングとウォーキングをおすすめしましたが、自分が楽しめる運動でも全然OKです。運動習慣がない人は、まずはどんな運動でもいいので始めてみましょう。

勉強のために意識して食事を摂る

運動の重要性がわかったところで、次は、食事について紹介していきます。食事は、私たちが生きていくうえで必要不可欠なものです。食事をしない人はいないわけですが、勉強のために意識して食事を摂っている人はとても少ないでしょう。

ここからは、ストレスフリーに日々を過ごし、効率よく勉強していくための食事術について見ていきます。

まずは、基本的なことから確認していきましょう。**ストレスなく、効率的に勉強するためには、食べすぎないことがとても重要**です。

「二郎系ラーメンの大盛りニンニク野菜マシマシを食べると、その後最高に集中できる！」という人は、ツチノコくらい希少でしょう。

食べすぎた後は、必ずと言っていいほど、頭はぼーっとし、眠気が襲ってきます。これは、食事後に血液が消化器官に集中し、脳への酸素供給が減少することが原因です。
その結果、集中力は低下し、勉強や作業の効率は著しく落ちます。

小さい頃、「腹八分目にしておきなさい」と言われたことがあるでしょう。『IKIGAI : The Japanese Secret to a Long and Happy Life』の中で、「hara hati bu」という言葉が紹介されています。食事を腹八分に抑えることで、勉強後眠くなるのを防げるだけでなく、健康で長生きもできてしまうわけです。

また、鎌倉時代に誕生した『坐禅用心記《ざぜんようじんき》』では、食べたい量の3分の2に抑えることを推奨しており、食べ過ぎないことは、日本で昔から伝えられてきた知恵なのです。

私も以前までは、ラーメン屋さんに行くと必ずと言っていいほど大盛りを注文していましたが、この本を読んでからいつも「小盛り」を頼むことにしました。

食べ終わる頃にはまだ、「せめて普通にしたらよかったな」と後悔するのですが、食後10分もすると不思議と満足している自分がいます。

これは、満腹中枢（満腹感を感知する体の箇所）が刺激されるまでに20～30分の時間がかかるからなんですね。

そのため、食べる量を減らすためには、「ゆっくり食べる」ことも重要です。そうは言っても、おいしい食べ物を前にしたら早食いして食べすぎてしまうのが人情というもの。私はゆっくり食べることを習慣にするために、毎朝7時30分に「よく噛む」とアレクサに声をかけてもらうよう設定しています。

血糖値をコントロールする

食後とてつもない睡魔に襲われる経験は、誰しもしたことがあるでしょう。高校時代、午後一発目の授業が現代文だったときの眠気は、今でも忘れられません。

時計を見ると、まだ授業終了まで40分残っています。太ももを自分でつねりながら、必死に睡魔と闘い、「もう10分は経っただろう」と思い時計を見ると、先ほどから1分しか経過していません。武道の達人も真っ青の、時間感覚の延長です。

食後に眠くなってしまうことに、「食べすぎ」以外に関連している要素が「血糖値」です。食後は血糖値が上昇しますが、その後また下降します。血糖値が急上昇すると、下降も急になるのですが、そのときに睡魔が襲ってくるのです。

ここで重要なのが、食品の「GI値（グリセミック指数）」。GI値とは簡単に言うと、その食べ物を食べたときの「血糖値の上がりやすさ」を示す指標です。

日本人の食卓に欠かせない「白米」は、高GI食品なので、食後多くの人が眠くなってしまうのも仕方のないことなのです。また、午後の早い時間は、バイオリズム上も眠くなりやすい時間帯ですから、昼食には注意が必要なんです。

食後にも「ストレスフリー」に勉強を進めるためには、低GI食品を中心に食事を組み立てるのがおすすめです。

白米の代わりに玄米や五穀米、ラーメンやうどんの代わりにそばを食べることで、食後の血糖値の上昇はゆるやかになり、眠気が抑えられます。

また、低GI食品は、血糖値の上昇を抑制するため、消化・吸収もゆるやかです。低GI食品を「腹八分」にすることで、ほどよい満腹感が持続するのです。晩ご飯前に、お腹が空きすぎて集中できない！という事態も回避することができます。

「いやいや待ってくれ、俺は白ご飯が大好きなんだ！」「私は昼のラーメンが生きがいだ！」という声が聞こえてきそうですね。確かに、昼食を必ず玄米にしたり、麺類は必ずそばをチョイスしたりするのは、現実的には不可能でしょう。

好きなものを全然食べられないというのも、ストレスフリーとは程遠いですよね。そこで活躍するのが、食物繊維です。高ＧＩ食品を食べる前に、食物繊維が豊富な食品やドリンクを摂取することで、血糖値の上昇をゆるやかにすることができます。

「ベジファースト」という言葉がありますが、食後の眠気を抑えるためには的を射ている表現だったわけです。

また、朝ご飯に食物繊維が豊富な食事をしておくことでも、昼食後の眠気を抑えることができます。

ランチに高ＧＩ食品を食べることがわかっている日には、食物繊維が豊富な朝食を意識的に摂るようにすることで、食後の睡魔をいくらか抑えることもできるのです。

勉強にいい食品と避けたい食品

「納豆を食べると頭がよくなる」というフレーズを聞いたことがある人は多いでしょう。私も小学生のときに、母からそのことを聞いていたのですが、正直半信半疑でした。私が納豆を積極的に食べるようになったのは、中学3年生の頃です。

私の友人で、中学1年生の頃から「東大に行く！」と公言していたHくんが、学食で納豆2パックを自宅から持参し、納豆ご飯専用というしょう油まで持参していたのを目撃したのです。

皆が定食やどんぶりもの、麺類などを注文する中、Hくんはご飯と副菜のみを注文し、持参した納豆をかけて食べていました。

彼は朝の読書時間にも、1人だけ『新・受験勉強入門』（和田秀樹著、ブックマン社）や『だれでも天才になれる脳の仕組みと科学的勉強法』（池谷裕二著、ライオン社）を読んでいる勉強の猛者だったため、私も納豆のことが気になり出したのです。調べてみると、**納豆は驚くほど勉強に効果的な食べ物**でした。記憶力、学習能力を高める「レシチン」、脳の神経伝達物質「アセチルコリン」の素となる「コリン」、不足により集中力が低下する「カルシウム」、無気力を防ぐ「カリウム」、高ぶってしまった神経を抑える「マグネシウム」などなど、さまざまな栄養素が含まれています。

また、納豆には2種類の食物繊維が含まれていることも見過ごせません。食物繊維には、水溶性食物繊維と不溶性食物繊維の2種類があり、前者は急激な血糖値の上昇を抑制してくれ、後者には整腸作用があります。納豆は、ストレスフリー食品の代表格とも言えるでしょう。

納豆以外のおすすめ食品についても、こちらで簡単にまとめておきます。ぜひ次ページの食品を積極的に摂るようにしてください。

いい食品がある一方で、できれば避けたほうがいい食品もまとめておきます。それらの食品は、自分へのご褒美として、たまに食べる程度に留めましょう。また、日々の勉強のご褒美として活用する場合には、少量に留めるよう意識をしてください。

勉強で避けたい食品

1 高糖質のスナックや菓子

リスク 血糖値の急激な上昇と下降を引き起こし、眠気を誘発。集中力も低下する。

2 ファストフード

リスク トランス脂肪酸が含まれているものが多く、心血管疾患のリスクを高めるだけでなく、認知機能の低下にもつながる。

3 カフェイン過多の飲料（エナジードリンク、過剰なコーヒー）

リスク 少量なら集中力向上に役立つが、過剰摂取は不安やイライラ、睡眠障害を引き起こし、結果的に学習能力が低下する。

4 アルコール

リスク 短期的にはリラックス効果があるが、過剰摂取は脳機能に悪影響を及ぼし、記憶力や集中力を低下させる。

5 菓子パン

リスク 高GI食品で、血糖値の急激な上昇と下降を招き、勉強中に疲れやすくなり、集中力の低下を引き起こす。

6 人工甘味料を含む飲食品

リスク 人工甘味料の過剰摂取は、時間が経つにつれて甘みに対する感受性を変化させ、糖への欲求を高め、健康に悪影響を及ぼす可能性がある。

7 揚げ物

リスク 大量の油で調理されるフライドフードは消化に時間がかかり、勉強中に眠気を引き起こす原因となる。

勉強にいい食品、勉強で避けたい食品

勉強にいい食品

1 サーモン

成分 オメガ3脂肪酸
効果 脳の機能をサポートし、ストレスレベルを下げる。集中力と記憶力の向上に役立つ。

2 ブルーベリー

成分 アントシアニン
効果 抗酸化作用があり、脳の神経細胞を保護し、記憶力を向上させる。

3 ほうれん草

成分 フォリート、マグネシウム
効果 ストレス関連ホルモンの調整と脳機能のサポートに効果的。

4 ナッツ類(特にアーモンド)

成分 ビタミンE、オメガ3脂肪酸
効果 脳細胞の健康を維持し、記憶力の低下を防ぐ。

5 ダークチョコレート

成分 フラボノイド、カフェイン
効果 気分を高め、集中力を向上させる。脳の血流も促進される。

6 全粒穀物

成分 ビタミンB群、複合炭水化物
効果 長期間のエネルギー供給をサポートし、集中力と記憶力を高める。

7 卵

成分 コリン
効果 脳のアセチルコリンの合成をサポートし、記憶力と学習能力を向上させる。

8 緑茶

成分 L－テアニン、カフェイン
効果 焦燥感を抑え、リラックス効果があり集中力を高める。記憶力向上にも役立つ。

9 クルミ

成分 α-リノレン酸、オメガ3脂肪酸
効果 脳の健康をサポートし、認知機能の維持に役立つ。

10 カボチャの種

成分 マグネシウム、鉄、亜鉛、カリウム
効果 ストレスの軽減と脳の機能をサポートする。特に亜鉛は神経伝達と認知機能に重要。

第5章

勉強マインドを構築する

怒り、イライラをコントロールする

日常生活において、怒りやイライラという感情は誰もが経験するものです。学校の宿題が多かったり、友達との関係がうまくいかなかったり、時には些細なことでさえ、心の中にストレスを生じさせる原因となります。

このような怒りやイライラは、ただの感情ではなく、私たちの日常に大きな影響を与えるストレスの源泉とも言えるのです。

怒りやイライラといった負の感情が心に溜まると、それがストレスと密接な関係を持ち、私たちの心身にさまざまな影響を及ぼします。

集中力の低下や前述した睡眠障害、さらには人間関係におけるトラブルの原因となることもあります。

つまり、怒りやイライラは、私たちが思っている以上に、私たちの生活の質に大きく関わっているのです。

「あの人は怒りっぽい」とか、「自分は短気だ」といった言葉があります。そのような言葉は、怒りやすかったり、イライラしやすかったりといった性質が、まるで生まれ持ってのものかのように錯覚させます。

確かに、遺伝的要因が、そのような性質を形作ることは否定しません。ですが重要なのは、怒りをコントロールするのは「技術」であり、誰でも後天的に身につけることが可能だということです。

怒りやイライラの感情を上手にコントロールすることができれば、日常生活におけるストレスは大幅に軽減することができます。日常生活のストレスが少なくなれば、勉強の効率が上がるということは、ここまで繰り返し述べてきた通りです。

本書をここまで読んでくれたあなたは、もうこの後の展開を予想してくれているかもしれません。そう、怒りをコントロールするためには、まず「怒り」そのものを知ることです。怒りを感じるとき、私たちの体はどのようなプロセスを経ているのか、このプロセスを理解することが、怒りと上手に付き合う方法を見つける手がかりになります。ここでは、怒りが生まれるプロセスをざっと見ていきましょう。

刺激の認識

何かしらの出来事が起こり、それが「刺激」となります。たとえば、友人にバカにされたり、期待していた試験の結果が悪かったりすると、これらの出来事は感覚器官を通じて脳に伝わります。

特に「扁桃体」と呼ばれる脳の部分がこの情報を受け取り、感情の反応、特に恐怖や怒りなどの感情を処理します。この時点で、交感神経系が活性化し、体は「戦うか逃げるか」の準備を始めます。

感情の発生

扁桃体が刺激を脅威として認識し、怒りという感情を引き起こします。この怒りは、自分を守るための本能的な反応です。扁桃体からの信号は、感情を調節する脳の部分である前頭前野に送られ、そこで怒りが意識的に認識されます。この段階では、交感神経系の活性化による体の準備が進み、心拍数の増加や血圧の上昇などの反応が見られます。

○認知の評価

前頭前野がその出来事を、「本当に脅威なのか？　それとも誤解に基づいているのか？」と考え評価します。この評価によって、怒りの感情が増幅されるか、抑えられるかが決まります。

このプロセスでは、副交感神経系を活性化させることで、交感神経系の反応を抑制し、体をリラックスさせることが重要になります。

怒りについて、真剣に向き合っている人は少ないと思いますが、怒りをコントロールできると、日々のストレスが緩和されます。

怒りを抑える2つの対処法

そこで、**怒りやイライラの原因に直面したときの具体的な対処法**をご紹介していきます。

対処法❶

深呼吸で抑える

シンプルにして強力なのが、「即深呼吸」です。深呼吸は副交感神経系を活性化させ、心拍数や血圧を下げることで体をリラックスさせてくれます。

また深呼吸は、前頭前野の働きも促進してくれるため、より冷静で合理的な思考が可能になります。これにより、怒りの感情をコントロールしやすくなるのです。

かくいう私も、怒りやイライラといった感情が芽生えてしまったときは、即座に深呼吸することを習慣にしています。

私はそのような状態に陥ってしまったら、まず口から息をゆっくり吐き、その後鼻から、これまたゆっくり、とにかくゆっくり息を吸い込みます。

これを3回繰り返すと、当初感じていた感情は、ピーク時よりもかなり落ち着いているのです。

怒りの感情は、刺激を受け取ってから6～10秒がピークだと言われています。この間意識を呼吸に向けることは、怒りをコントロールする第一歩として非常に有効です。

これは体感してもらうのが一番なので、「イラッ」とすることがあったら、この方法を思い出してぜひ実践してみてください。

対処法❷ 視点を変える

即深呼吸で、怒りのピークは脱しました。しかし、それだけで完全になくなってはくれないのが、怒りという感情のやっかいなところです。

また、「怒り」とは言えないまでも、「イライラ」「モヤモヤ」といった感情が拭いきれない場合も多いでしょう。

そこでおすすめなのが、「視点を切り替える」という方法。自分が今の「怒り」「イライラ」「モヤモヤ」という感情に至った出来事を、次の観点で捉え直してみましょう。

まずは、自分のいる場所、自分が直面している問題を地球という大きなスケールで見てみましょう。この広大な地球上で起こっている無数の出来事の中で、自分の問題はどれほどの大きさでしょうか。

世界にはさまざまな問題が山積みであり、人々が直面している課題は一人ひとり異なります。自分の問題を地球規模で捉え直すことで、その重要性や緊急性を再評価することができます。

この視点から見ると、今抱えている問題や感情が、ずっと小さく感じられることでしょう。

続いて、今抱えている問題や感情が、時間が経過するにつれてどのように変化するかを想像してみましょう。

1か月後、さらには1年後、そして10年後には、今の状況がどれほどの影響をあなたの人生に与えているでしょうか。

このように時間軸で考えることで、現在の問題や感情が未来において実際にはそれほど重大ではないかもしれないという視点が得られます。

時には、今感じている怒りやもやもやが、将来には価値ある経験や学びに変わっていることもあります。この視点を持つことで、現在の状況を冷静に、そしてもっと広い視野で捉え直すことができるのです。


これらの観点で「刺激」を捉え直したとき、多くの場合、怒りはピーク時の3分の1以下にまで減少しているはず。ここで終わってもいいのですが、まだ負の感情が大きいときは、次の視点も加えてみましょう。


自分が今怒っている原因（人に対してでも、出来事に対してでも）に、「感謝」できることはあるでしょうか。

もし、感謝できるとしたら、どの点か、頭を捻って考えてみます。

相手や物事への感謝が難しければ難しいほど、前頭前野を活発にして答えを捻り出す必要があるでしょう。

ここでは、心から感謝の気持ちが湧かなくても構いません。とにかく視点をずらして考えることで、怒りの感情はさらに減少します。

以上の方法は、**「怒り」以外の負の感情に対しても有効なテクニック**です。また、これまでに伝えてきた「睡眠」と「運動」も、怒りの感情をコントロールする力を高めてくれます。

相手の背景を想像してみる

人間関係において感情の矛先が特定の人物に向けられる場面は、誰にでもあります。職場の上司や部下との関係、友人関係や先生との関係、あるいは家族内でのコミュニケーションにおいて、さまざまな感情が生じることでしょう。

怒りやイライラ、不満といった感情が特定の人に対して湧き上がるとき、その感情をどのように扱うかは非常に重要です。

「相手の背景を想像してみる」というアプローチは、このような状況において非常に有効な方法です。

この方法では、直面している問題の背後にある、相手の立場や感情、経験を理解しようとすることが求められます。

相手がなぜそのような行動を取ったのか、そのときにどんな気持ちだったのかを想像す

ることで、自分自身の感情に対してもより冷静な視点を持つことができるようになります。

たとえば、友人が約束を破ったことに対して怒りを感じたとします。そのときに、ただ怒りを表現するのではなく、「もしかしたらその友人は家庭で大変なことがあったのかもしれない」「試験勉強で特に忙しい時期だったのかもしれない」といったように、相手の立場や状況を想像してみることは、問題をより平和的に解決するための一歩となります。

このプロセスは、相手に対する理解を深めるだけでなく、自分自身の感情をコントロールするうえでも役立ちます。

感情の矛先が特定の人物に向けられるとき、その感情が生じる背景にはさまざまな要因が絡み合っています。そして、相手の言動の背景を想像した後は、「自分には想像すら及ばない、深い理由があったのかもしれない」と考えるようにしましょう。

かくいう私も、些細なことでイライラしたりすることが多かったものです。想像力も乏しく、相手の立場に立って考えることと、頭ではわかっていても実践はできていませんでした。

ですが、本書で紹介したメソッドを実践する中で、徐々に感情をコントロールできるようになってきました。人間関係で悩むこともかなり少なくなり、その結果、以前よりもストレスフリーに勉強や仕事を進めることができるようになったのです。

マインドフルネス瞑想で、脳を成長させる

感情をコントロールするために、深呼吸が効果的であることはすでに述べました。ここでは、意図的に呼吸に集中する時間をつくることで、さまざまなメリットを生み出す「**マインドフルネス瞑想**」についても触れていきます。

マインドフルネス瞑想とは、今この瞬間に意識を集中させる練習のこと。**心が落ち着き、ストレスを減らす手助けをしてくれる方法**として、多くの人々に支持されています。

この瞑想法は、過去の失敗や未来の不安から離れ、現在の瞬間に集中することで心の平穏を得ることを目指します。

マインドフルネス瞑想を行なうことで、4つのメリットが得られます。

メリット❶
ストレスに対抗する力が強化される前頭前野の活動強化

前頭前野の働きについては、ここまでも繰り返し述べてきました。働きが活発になることで、集中力は向上し、感情のコントロールも改善します。

そしてなにより、ストレスに対抗する力が強化されるのです。マインドフルネス瞑想の最大のメリットと言えるかもしれません。

メリット❷
ストレスや不安、怒りといった感情を引き起こさなくなる

扁桃体は、私たちがストレスや恐怖を感じるときに大きな役割を果たす脳の一部です。この小さな部位は、私たちの安全を守るために非常に重要な働きをしていますが、時には過剰に反応してしまい、ストレスや不安、怒りといった感情を引き起こす原因にもなります。マインドフルネス瞑想を習慣化することで、扁桃体の活動が穏やかになることがわかっています。

メリット3

記憶力や学習能力が直接強化される

海馬は私たちの脳の中で、学習と記憶に非常に重要な役割を果たす領域です。驚くべきことに、マインドフルネス瞑想を習慣にしている人々の脳内では、海馬の体積が増大することが科学的な研究によって示されています。つまり、マインドフルネス瞑想をすることで、記憶力や学習能力が直接強化されるというわけです。

メリット4

雑念を取り除く

デフォルト・モード・ネットワーク（DMN）は、私たちの心がふらふらとさまよったり、自分自身に関する思考に没頭していたりするときに活動する、脳内の特定のネットワークです。

たとえば、過去の出来事を反芻したり、未来について心配したりするとき、このネットワークが活発になります。これが、時には「雑念」と呼ばれる、集中を妨げるような不要な思考の源となることがあります。

マインドフルネス瞑想を実践することで、DMNの活動を減少させることができることがわかっています。

「瞑想」というと、何やらスピリチュアルなイメージを持つ人が多いですが、実は、科学的にかなり高い効果があることが証明されているのです。

マインドフルネス瞑想の始め方

マインドフルネス瞑想が勉強に役立つと知れば、あなたもきっと実践したくなっているはず。ここでは、効果の高いおすすめの方法を紹介します。

❶ 楽な姿勢をとる

まずはリラックスできる快適な姿勢を見つけましょう。椅子に座るもよし、床にクッションを敷いて正座するもよし。私の場合は、カーペットの上であぐらをかいて行なうことが多いです。

大切なのは、背筋をまっすぐに保ちつつ（力を入れて伸ばしすぎる必要はありません）、体が楽な状態であること。足は自然に床につけ、手は膝の上や太ももの上に置くといいでしょう。

横になって行なう方法もなくはないのですが、場合によっては眠ってしまうので上級者向けかもしれません。

❷ 3分計る

次に、瞑想の時間をタイマーを使って計ります。最初は3分間から始めるのがおすすめ。タイマーを使って3分計ることで、時間を気にすることなく瞑想に集中できます。

慣れてきたら、徐々に瞑想の時間を延ばしていくのも効果的ですが、無理をせず自分のペースで進めるのがいいでしょう。私は5分や10分の瞑想も時折実践しますが、習慣にして続けたいので、忙しい日でも時間を取りやすい3分間で行なうことがほとんどです。

❸ 呼吸に集中する

タイマーをセットしたら、目を閉じて、自分の呼吸に集中します。深く、ゆっくりとした呼吸を心がけてください。息を吸うときはお腹が膨らみ、息を吐くときはお腹がへこむようにします。

心が他のことにさまよってしまっても、優しく呼吸に意識を戻しましょう。この呼吸に集中する行為が、心を落ち着かせ、現在の瞬間に集中することを助けます。

はじめのうちは、3分という短い間でも、気づくと呼吸に向けていたはずの意識が、違うことを考えていることに気づくと思います。

普段から瞑想を実践している私でさえ、気がつくとこの後の予定や溜まっている作業について考えてしまっています。そこから**思考をゆっくりと呼吸に向ける練習は、日常生活で「今、この瞬間」に集中し、やるべきことに没頭する力を高めてくれている**と日々実感しています。

マインドフルネス瞑想は、前述の通りいろいろなメリットがあり、ストレスフリーに勉強を進めていくのに大変効果的です。ぜひ第2章の「習慣化」テクニックを使って、マインドフルネス瞑想を習慣にしてみてください。

ゲーム化して考える

本書を読んでいる人の中にも、「ゲーム」が好きな人は多いでしょう。かくいう私も、これまでいろいろなゲームにハマってきました。その中でも特に好きなのが、ロールプレイングゲーム（RPG）です。

RPGでは、主人公がさまざまなクエストを達成しながら、一つの大きなゴールに向かって進んでいきます。世界的な人気を誇る『ポケットモンスター』も、一つひとつのジムにいるジムリーダーを倒しながら、最後はポケモンリーグの頂点を目指すわけです。

なぜRPGは、これほどまで人を熱中させるのか。そんなことを考えていた高校生のとき、「受験勉強もRPGみたいなものじゃないか？」と思うようになりました。

そして、受験勉強をRPGとして捉え直し、より魅力的なゲームに思えるようにデザインしていこうと考えたのです。

私は、受験勉強の「ゲーム化」に取り組むことにしました。
まず、自分自身をＲＰＧの主人公と見立て、受験という大きなクエストに挑む冒険者だと想像したのです。
そして、受験勉強の各科目を小さなクエストやダンジョンと捉え、それぞれをクリアしていくことで、最終的な目標である「大学合格」という大きなゴールに近づいていくというストーリーを描きました。

ステップ❶

キャラクター作成

まず、自分の強みや弱点を分析し、それをＲＰＧでいう「ステータス」に見立てました。この自己分析を通じて、どの科目にどれだけの時間を割くべきか、どのような勉強法が最適かを計画しました。

ステップ❷

クエストの設定

各科目をクリアするための小さな目標を「クエスト」としました。

数学では「確率分野の問題を全問即答できるようにする」というクエスト、英語では「毎週100単語の意味を、瞬時にイメージできるようにする」といったクエストです。

これらのクエストを達成することで、自分のステータスが上がり、受験のラスボス戦とも言える二次試験に立ち向かう力がついていくと考えるようにしました。

ステップ3

レベルアップと報酬

クエストをクリアするたびに、「レベルアップ」したと感じられるように、自分自身に報酬も設定しました。

小さなクエストを1つクリアするたびに、好きな映画を見る、おいしいものを食べるといった、具体的な報酬です。これにより、勉強のモチベーションを維持し、継続する力を養いました。

ステップ4

ボス戦

模擬試験や実力テストを「ボス戦」と見立てました。これらの試験に向けて、特別な準備を行ない、クエストをクリアした自信とスキルを持って挑みました。
ボス戦をクリアすることで、自分が一段と成長したことを実感し、さらに大きな自信へとつながりました。

今になって、自分が受験生の頃に考えていたことをまとめてみると、本書で紹介した「ストレスフリー」になるための方法がたくさん詰まっていることに気づきました。
そして、この考え方は受験勉強だけでなく、人生のさまざまな面で力を発揮するのです。

このように考えていくと、すべては「経験値」だと思えるようになります。「しんどいな」と思う状況や、今の自分にとって少し難しい問題に出合うと、レベルアップのいい機会だと捉えることができるのです。
また、難しすぎる課題であれば、「今は自分のレベルが足りないから、もっと経験値を積んでから取り組もう」と思うこともできます。

さらに、あらゆることを「ゲーム」として考えていくと、それを楽しむ努力を自然としていることに気づきました。だってゲームですから、楽しくなければ意味がありませんよね。

面倒なことや大変なことをまったくなくすことはできなくても、そこに楽しさを見出すことはできると実感できれば、乗り越えたときの達成感や喜びは、ゲームをクリアしたときと同じくらい、あるいはそれ以上のものになります。

さらに、「自分があのキャラだったら、どうするか?」を考えてみましょう。

心理学用語で、そのようなキャラクターのことを「理想化自己対象」と言います。理想化自己対象を思い浮かべることで、困難に立ち向かう勇気が湧いてきます。

理想化自己対象は、私のようにアニメのキャラクターである必要はありませんし、1人でなくとも構いません。最近は私も、「今自分が大谷翔平選手だったら、もう少し仕事をしてから寝るだろうな」というふうに考えることもあります。

ゲームのように、困難を乗り越え、レベルアップしていく過程そのものを楽しむことが、この方法の最大の魅力です。

感謝の習慣を身につける

あなたが誰かに感謝をしているとき、「ありがとう」と思っているとき、あなたはきっと「ストレスフリー」な状態にあるはずです。それもそのはず、感謝を感じると体には次のことが起こります。

❶ 前頭前野の活動が活発になる
❷ ドーパミンやセロトニンが放出される
❸ 副交感神経の活動が促進される

つまり、ストレスレベルが低下して幸せな気持ちになり、やる気にも満ちあふれて頭もよくなるのです。素晴らしい効果です。

小さなことに対しても感謝の気持ちを自然に持てるようになり、また過去の出来事に対しても感謝の気持ちを忘れないで日々を過ごせれば、ストレスフリーになれること請け合いです。

感謝を忘れずに日々を生きていくために、私が実践している方法をご紹介していきます。

○月に一度神社に行く

私は大学時代から京都で暮らしています。そのため、外出すると神社を目にしないことはありません。そして月に1度はお参りをし、感謝とお願いごとを心の中で唱えるようにしています（ちなみに、日本には約8万8000社の神社があり、その数はコンビニよりも多いそうです）。

○寝る前に1つ感謝をする

布団に横になって目を閉じたあと、その日の出来事やその日関わった人に対してなど、なんでもいいので1つ感謝をしています。

リラックスしていい眠りにつけるので、非常におすすめです。その日の出来事で、感謝を特に思い当たらない日（一日中家でだらだらしてしまった日など）は、過去の出来事に対してでもＯＫにしています。

○感謝リストを作る

自分が特に感謝をしている人の名前をリストにして、時折見返すようにしています。見返すと、自然と感謝の気持ちでいっぱいになると同時に、恩返しをするためにもっと頑張ろうと、前向きな気持ちになります。

そもそも勉強できること自体、生活に余裕があるからできること。日々、感謝し、何のために勉強するのかをよく考え、自分の人生の目標をつかみ取ってください。

おわりに

勉強とストレスの関係を、一冊の本にする。最初にこの企画が立ち上がったとき、「これこそ、自分が書くべき本だ！」と強く思ったのを覚えています。

しかし書き始めてみると、これがなかなか難しい。これまで培ってきた方法を、生徒の皆さんに実践してもらい、成績向上に役立った方法を伝えたいのですが、思うようにまとまらない。

実際の現場では、一人ひとりの状況に応じて、具体的にアドバイスをします。そのため体系的に方法論をまとめようとすると、どうしても悩んでしまい、書いては消し、また書いては消しの繰り返しでした。

それでも、こうしてなんとか形にすることができたのは、生徒の皆さんがいたからです。

これでいいのかと悩み、立ち止まってしまったタイミングにはいつも、これまで私のところへ来てくれた生徒の声や、今まさに一緒に勉強を頑張ってくれている生徒のことが思い出され、勇気づけられました。

そして、本書の執筆そのものを、もっと楽しもうと思うこともできました。

いつでも今日が、いちばん楽しい日。

これは私が大好きな漫画の一つ、『よつばと!』のキャッチコピーです。この世に生まれてきたからには、人生を全力で楽しみ尽くしたい。私はずっとそう考えてきました。

もちろん、生きている間中ずっと楽しいことばかりとは、残念ながらいかないでしょう。どうしようもなく苦しいこと、辛いことは、生きていれば避けられないのかもしれません。しかし、だからこそ私は、大変なことを我慢する努力ではなく、少しでも楽しむ努力をしたいのです。

本書を読んでくださった皆さんの毎日が、ほんの少しでも、今より楽しいものになれば、著者としてこれに勝る喜びはありません。

2024年9月吉日

粂原　圭太郎

- Morris, Martha Clare., Tangney, Christy C., Wang, Yamin., Sacks, Frank M., Bennett, David A., Aggarwal, Neelum T.MIND diet associated with reduced incidence of Alzheimer's disease. *Alzheimer's & Dementia,* 11(9), 1007-1014, 2015

第 5 章

- Averill, J. R. *Anger and aggression : An essay on emotion.* Springer-Verlag, 1982
- Spielberger, C. D. STAXI-2 : State-Trait Anger Expression Inventory-2 : professional manual, *Psychological Assessment Resources,* 1999
- Deffenbacher, J. L., Oetting, E. R., Lynch, R. S., & Morris, C. D. The expression of anger and its consequences. *Behavior Research and Therapy,* 34(7), 575-590, 1996
- Kabat-Zinn, J. Mindfulness-based interventions in context: Past, present, and future. *Clinical Psychology: Science and Practice,* 10, 144-156, 2003
- Grossman, P., Niemann, L., Schmidt, S., & Walach, H. Mindfulness-based stress reduction and health benefits: A meta-analysis. *Journal of Psychosomatic Research,* 57(1), 35-43, 2004
- Hofmann, S. G., Sawyer, A. T., Witt, A. A., & Oh, D. The effect of mindfulness-based therapy on anxiety and depression: A meta-analytic review. *Journal of Consulting and Clinical Psychology,* 78(2), 169-183, 2010
- 『寛容力のコツ――ささいなことで怒らない、ちょっとしたことで傷つかない』下園壮太著、三笠書房、2017年
- Kandel, Eric R. *In Search of Memory: The Emergence of a New Science of Mind, W. W. Norton & Company,* 2006
- Sigman, Mariano. *The secret life of the mind : how our brain thinks, feels and decides,* William Collins, 2018
- Rock, David. *Your brain at work : strategies for overcoming distraction, regaining focus, and working smarter all day long,* Harper Business, 2009
- Zeidan, F., Johnson, S. K., Diamond, B. J., David, Z., & Goolkasian, P. Mindfulness meditation improves cognition: Evidence of brief mental training. *Consciousness and Cognition,* 19 (2), 597-605, 2010
- Tang, Y. Y., Hölzel, B. K., & Posner, M. I. The neuroscience of mindfulness meditation. *Nature Reviews Neuroscience,* 16(4), 213-225, 2015
- Goyal, M., Singh, S., Sibinga, E. M. S., Gould, N. F., Rowland-Seymour, A., Sharma, R., … & Haythornthwaite, J. A. Meditation programs for psychological stress and well-being: A systematic review and meta-analysis. *JAMA Internal Medicine,* 174(3), 357-368, 2014
- Hansen, J., & Wänke, M. Think of Capable Others and You Can Make It! Self-Efficacy Mediates the Effect of Stereotype Activation on Behavior. *Social Cognition,* 27 (1), 76-88, 2009
- Taylor, C. A., Lord, C. G., McIntyre, R. B., & Paulson, R. M. The Hillary Clinton Effect: When the Same Role Model Inspires or Fails to Inspire Improved Performance Under Stereotype Threat. *Group Processes & Intergroup Relations,* 14(4), 447–459, 2011
- Wrzesniewski, A., LoBuglio, N., Dutton, J. E., & Berg, J. M. Job Crafting and Cultivating Positive Meaning and Identity in Work. *Advances in Positive Organizational Psychology,* 281-302, 2013
- Hatzigeorgiadis, Antonis., Zourbanos, Nikos., Galanis, Evangelos., Theodorakis, Yiannis. Self-Talk and Sports Performance: A Meta-Analysis. *Perspectives on Psychological Science,* 6(4), 348-356, 2011
- 『忘却の整理学』外山滋比古著、筑摩書房、2013年

＊日本で翻訳されている本には、原題、発売年を付記しています

- Hirshkowitz, M., Whiton, K., Albert, S. M., Alessi, C., Bruni, O., DonCarlos, L., … & Ware, J. C. National Sleep Foundation's sleep time duration recommendations: methodology and results summary. *Sleep Health,* 1(1), 40-43, 2015
- Riemann, D., Krone, L. B., Wulff, K., & Nissen, C. Sleep, insomnia, and depression. *Neuropsychopharmacology,* 45(1), 74-89, 2019

第4章

- García, Héctor., Miralles, Francesc., Cleary, Heather. *Ikigai : the Japanese secret to a long and happy life.* Penguin Books, 2017
- 『運動脳――新版・一流の頭脳』アンデシュ・ハンセン著、御舩由美子訳、サンマーク出版(*Hjärnstark,* 2018)
- 『最新科学が証明した 脳にいいことベスト211』アダムズ・メディア著、寺田早紀訳、文響社(*Brain hacks: 200+ ways to boost your brain power,* 2018)
- 『最高の体調――100の科学的メソッドと40の体験的スキルから編み出した：進化医学のアプローチで、最高のコンディションに導く』鈴木祐著、クロスメディア・パブリッシング、2018年
- 『あなたの知らない脳――意識は傍観者である』デイヴィッド・イーグルマン著、大田直子、早川書房(*Incognito: the secret lives of the brain, 2011*)
- Dennett, Daniel C. *Consciousness Explained,* Penguin, 1993
- Damasio, Antonio. *Descarte's error : emotion, reason, and the human brain, Penguin Books,* 2005
- 『だれでも天才になれる脳の仕組みと科学的勉強法――脳の性質を無視した学習は時間のムダ』池谷裕二著、ライオン社、2001年
- 『新・受験勉強入門』和田秀樹著、ブックマン社、1998年
- Gómez-Pinilla, F. Brain foods: The effects of nutrients on brain function. *Nature Reviews Neuroscience,* 9(7), 568-578, 2008
- Dye, L., Boyle, N. B., Champ, C., & Lawton, C. The relationship between obesity and cognitive health and decline. *Proceedings of the Nutrition Society,* 76 (4), 443-454, 2017
- Witte, A. V., Kerti, L., Margulies, D. S., & Floel, A. Effects of resveratrol on memory performance, hippocampal functional connectivity, and glucose metabolism in healthy older adults. *Journal of Neuroscience,* 34(23), 7862-7870, 2014
- Hillman, C. H., Erickson, K. I., & Kramer, A. F. Be smart, exercise your heart: Exercise effects on brain and cognition. *Nature Reviews Neuroscience,* 9(1), 58-65, 2008
- Stillman, C. M., Cohen, J., Lehman, M. E., & Erickson, K. I. Mediators of physical activity on neurocognitive function: A review at multiple levels of analysis. *Frontiers in Human Neuroscience,* 10, 2016
- Raichlen, D. A., & Alexander, G. E. Adaptive capacity: An evolutionary neuroscience model linking exercise, cognition, and brain health. *Trends in Neurosciences,* 40(7), 408-421, 2017
- Erickson, K. I., & Kramer, A. F. Aerobic exercise effects on cognitive and neural plasticity in older adults. *British Journal of Sports Medicine,* 43(1), 22-24, 2008
- Northey, J. M., Cherbuin, N., Pumpa, K. L., Smee, D. J., & Rattray, B. Exercise interventions for cognitive function in adults older than 50: A systematic review with meta-analysis. *British Journal of Sports Medicine,* 52(3), 154-160, 2017
- 『新版　思考の整理学』外山滋比古著、筑摩書房、2024年
- Sarris, Jerome., Logan, Alan C., Akbaraly, Tasnime N., Amminger, G. Paul., Balanzá-Martínez, Vicent., Freeman, Marlene P., Hibbeln, Joseph., Matsuoka, Yutaka., Mischoulon, David., Mizoue, Tetsuya., Nanri, Akiko., Nishi, Daisuke., Ramsey, Drew., Rucklidge, Julia J., Sanchez-Villegas, Almudena., Scholey, Andrew B., Su, Kuan-Pin and Jacka, Felice N. Jacka Nutritional Medicine as Mainstream in Psychiatry. *The Lancet Psychiatry,* 2(3), 271-274, 2015

第２章

- Duhigg, Charles. *The power of habit: Why we do what we do in life and business.* Random House, 2012
- Lally, P., van Jaarsveld, C. H., Potts, H. W., & Wardle, J. How are habits formed: Modelling habit formation in the real world. *European Journal of Social Psychology,* 40(6), 998-1009, 2009
- Roy, M., & Chi, M. T. H. The self-explanation principle in multimedia learning. The Cambridge Handbook of Multimedia Learning, 271-286, 2005
- Ainsworth, S., & Loizou, A. T. The effects of self-explaining when learning with text or diagrams. *Cognitive Science,* 27(4), 669-681, 2003
- 『ジェームズ・クリアー式 複利で伸びる1つの習慣』ジェームズ・クリアー著、牛原眞弓訳、パンローリング（*Atomic habits : an easy & proven way to build good habits & break bad one,* 2018）
- 『生き物をめぐる4つの「なぜ」』長谷川眞理子著、集英社、2002年
- 『スマホ脳』アンデシュ・ハンセン著、久山葉子訳、新潮社（*SKÄRMHJÄRNAN,* 2019）
- Schultz, W., Dayan, P., & Montague, P. R. A neural substrate of prediction and reward. *Science,* 275(5306), 1593-1599,1997
- Grace, A. A., & Bunney, B. S. The control of firing pattern in nigral dopamine neurons: burst firing. *Journal of Neuroscience,* 4(11), 2877-2890,1984
- Berridge, K. C., & Robinson, T. E. What is the role of dopamine in reward: hedonic impact, reward learning, or incentive salience? *Brain Research Reviews,* 28(3), 309-369,1998
- Montague, P. R., Hyman, S. E., & Cohen, J. D. Computational roles for dopamine in behavioural control. *Nature,* 431(7010), 760-767,2004

第3章

- Walker, M. P., & Stickgold, R. Sleep, memory, and plasticity. *Annual Review of Psychology,* 57(1), 139-166, 2006
- Rasch, B., & Born, J. About sleep's role in memory. *Physiological Reviews,* 93(2), 681-766, 2013
- Meerlo, P., Sgoifo, A., & Suchecki, D. Restricted and disrupted sleep: Effects on autonomic function, neuroendocrine stress systems, and stress responsivity. *Sleep Medicine Reviews,* 12(3), 197-210, 2008.
- Diekelmann, S., & Born, J. The memory function of sleep. *Nature Reviews. Neuroscience,* 11(2), 114-126, 2010
- Walker, M. P. The role of sleep in cognition and emotion. *Annals of the New York Academy of Sciences,* 1156(1), 168-197, 2009
- Diekelmann, S., Wilhelm, I., & Born, J. The whats and whens of sleep-dependent memory consolidation. *Sleep Medicine Reviews,* 13(5), 309-321, 2009
- Åkerstedt, T. Psychosocial stress and impaired sleep. Scandinavian Journal of Work, Environment & Health, 32(6), 493-501, 2006
- Kahn, M., Sheppes, G., & Sadeh, A. Sleep and emotions: Bidirectional links and underlying mechanisms. *International Journal of Psychophysiology,* 89(2), 218-228, 2013
- 『ニュートン超図解新書　最強に面白い　睡眠』柳沢正史監修、ニュートンプレス、2023年
- Walker, M. P., & Stickgold, R. Sleep, memory, and plasticity. *Annual Review of Psychology,* 57, 139-166, 2006
- Xie, L., Kang, H., Xu, Q., Chen, M. J., Liao, Y., Thiyagarajan, M., … & Nedergaard, M. Sleep drives metabolite clearance from the adult brain. *Science,* 342(6156), 373-377, 2013
- Krause, A. J., Simon, E. B., Mander, B. A., Greer, S. M., Saletin, J. M., Goldstein-Piekarski, A. N., & Walker, M. P. The sleep-deprived human brain. *Nature Reviews Neuroscience,* 18(7), 404-418, 2017

第1章

- 『脳のなかの天使』V・S・ラマチャンドラン著、山下篤子訳、KADOKAWA（*The tell-tale brain : a neuroscientist's quest for what makes us human,* 2011）
- 『脳は奇跡を起こす』ノーマン・ドイジ著、竹迫仁子訳、講談社インターナショナル（*The brain that changes itself : stories of personal triumph from the frontiers of brain science, 2007*）
- 『脳のなかの幽霊』V・S・ラマチャンドラン、サンドラ・ブレイクスリー著、山下篤子訳、KADOKAWA（*Phantoms in the brain : probing the mysteries of the human mind,* 1998）
- Cepeda, N. J., Pashler, H., Vul, E., Wixted, J. T., & Rohrer, D. Distributed practice in verbal recall tasks: A review and quantitative synthesis. *Psychological Bulletin,* 132(3), 354-380, 2006
- Ebbinghaus, H. *Über das Gedächtnis: Untersuchungen zur experimentellen Psychologie.* Duncker & Humblot, 1885
- Paivio, A. Dual coding theory: Retrospect and current status. *Canadian Journal of Psychology,* 45(3), 255-287, 1991
- Woloshyn, V. E., Pressley, M., & Schneider, W. Elaborative-interrogation and prior-knowledge effects on learning of facts. *Journal of Educational Psychology,* 84(1), 115-124, 1992
- Locke, E. A., & Latham, G. P. Building a practically useful theory of goal setting and task motivation: A 35-year odyssey. *American Psychologist,* 57(9), 705-717, 2002
- Latham, G. P., & Locke, E. A. Self-regulation through goal setting. *Organizational Behavior and Human Decision Processes,* 50(2), 212-247, 1991
- Bjork, R. A., Dunlosky, J., & Kornell, N. Self-regulated learning: Beliefs, techniques, and illusions. *Annual Review of Psychology,* 64(1), 417-444. 2013
- Bandura, Albert. *Self-efficacy: The exercise of control.* W. H. Freeman, 1997
- Zimmerman, B. J. Self-efficacy: An essential motive to learn. *Contemporary Educational Psychology,* 25(1), 82-91, 2000
- Dunlosky, J., Rawson, K. A., Marsh, E. J., Nathan, M. J., & Willingham, D. T. Improving students' learning with effective learning techniques: Promising directions from cognitive and educational psychology. *Psychological Science in the Public Interest,* 14(1), 4-58, 2013
- Roediger, H. L., & Butler, A. C. The critical role of retrieval practice in long-term retention. *Trends in Cognitive Sciences,* 15(1), 20-27, 2011
- Benjamin Harkin, Thomas L. Webb, Betty P. I. Chang, Andrew Prestwich, Mark Conner, Ian Kellar, Yael Benn, and Paschal Sheeran. Does Monitoring Goal Progress Promote Goal Attainment? A Meta-Analysis of the Experimental Evidence. *Psychological Bulletin,* 142(2), 198–229, 2016
- Judy Xu and Janet Metcalfe Studying in the Region of Proximal Learning Reduces Mind Wandering. *Memory & Cognition,* 44, 681-695, 2016
- Carton, A. M., Murphy, C., & Clark, J. R. A (Blurry) Vision of the Future:How Leader Rhetoric About Ultimate Goals Influences Performance. *Academy of Management Journal,* 57(6), 1544–1570, 2014
- Marslen-Wilson, W. D., & Teuber, H.L. Memory for remote events in anterograde amnesia: Recognition of public figures from newsphotographs. *Neuropsychologia,* 13, 353-364, 1975
- Penfield, W., Perot, P. The brain's record of auditory and visual experience: A final summary and discussion. *Brain,* 86, 595-696, 1963

参考文献

序章

- 『「脳疲労」社会――ストレスケア病棟からみえる現代日本』徳永雄一郎著、講談社、2016年
- 『脳のワーキングメモリを鍛える! ――情報を選ぶ・つなぐ・活用する』トレーシー・アロウェイ、ロス・アロウェイ著、栗木さつき訳、NHK出版(*The working memory advantage : train your brain to function stronger, smarter, faster,* 2013)
- Newton別冊「脳とは何か　改訂第2版」、ニュートンプレス、2021年
- 『リラクセーション反応』ハーバート・ベンソン、ミリアム・Z.クリッパー著、中尾睦宏、熊野宏昭、久保木富房訳、星和書店(*The relaxation response,* 2000)
- 『ストレスに負けない脳――心と体を癒すしくみを探る』ブルース・マキューアン, エリザベス・ノートン・ラズリー著、桜内篤子訳、早川書房(*The End of Stress As We Know It,* 2002)
- Shields, G. S., Sazma, M. A., & Yonelinas, A. P. The effects of acute stress on core executive functions: A meta-analysis and comparison with cortisol. *Neuroscience & Biobehavioral Reviews,* 68, 651-668, 2016
- Schoofs, D., Wolf, O. T., & Smeets, T. Cold pressor stress impairs working memory performance on working memory tasks requiring executive functions in healthy young men. *Behavioral Neuroscience,* 123(5), 1066-1075, 2009
- Oei, N. Y., Everaerd, W. T., Elzinga, B. M., van Well, S., & Bermond, B. Psychosocial stress impairs working memory at high loads: An association with cortisol levels and memory retrieval. *Stress,* 9(3), 133-141, 2006
- Qin, S., Hermans, E. J., van Marle, H. J., Luo, J., & Fernández, G. Acute psychological stress reduces working memory-related activity in the dorsolateral prefrontal cortex. *Biological Psychiatry,* 66(1), 25-32, 2009
- Møller, A. P. Female choice selects for male sexual tail ornaments in the monogamous swallow. *Nature* 332, 640-642, 1988
- Primack, B. A., Shensa, A., Sidani, J. E., Whaite, E. O., Lin, L. Y., Rosen, D., ... & Miller, E. Social media use and perceived social isolation among young adults in the U.S. *American Journal of Preventive Medicine.* 53(1), 1-8, 2017
- Vannucci, A., Flannery, K. M., & Ohannessian, C. M. Social media use and anxiety in emerging adults. *Journal of Affective Disorders,* 207, 163-166, 2017
- Twenge, J. M., Joiner, T. E., Rogers, M. L., & Martin, G. N. Increases in Depressive Symptoms, Suicide-Related Outcomes, and Suicide Rates Among U.S. Adolescents After 2010 and Links to Increased New Media Screen Time. *Clinical Psychological Science,* 6(1), 3-17,2017
- Dhir, A., Yossatorn, Y., Kaur, P., & Chen, S. Online social media fatigue and psychological wellbeing—A study of compulsive use, fear of missing out, fatigue, anxiety and depression. *International Journal of Information Management,* 40, 141-152, 2018
- Gollwitzer, Anton., Oettingen, Gabriele., Kirby, Teri A., Duckworth, Angela Lee., Mayer, Doris. Mental Contrasting Facilitates Academic Performance in School Children. *Motivation and Emotion,* 35, 403–412, 2011
- Kappes, Heather Barry., Oettingen, Gabriele. Positive Fantasies About Idealized Futures Sap Energy. *Journal of Experimental Social Psychology,* 47(4), 709-870, 2011
- Inoue, Masato., Mikami, Akichika., Ando, Ichiro., Tsukada, Hideo. Functional brain mapping of the macaque related to spatial working memory as revealed by PET. *Cerebral Cortex,* 14, 106-119, 2004
- Komatsu, Hidehiko., Ideura, Yoshie., Kaji, Shini., Yamane, Shigeru. Color Selectivity of neurons in the inferior temporal cortex of the awake macaque monkey. *The Journal of Neuroscience,* 12(2), 408-424, 1992

［著者］
粂原圭太郎（くめはら・けいたろう）
京都大学経済学部経済経営学科卒業。高校時代は平均偏差値80、最高偏差値95を出し、京都大学に首席で合格。2014年から3年連続で『最強の頭脳 日本一決定戦！頭脳王』（日本テレビ系）FINALISTになり、一躍人気に。小学生の頃より小倉百人一首競技かるたを始め、現在八段。2019年〜2021年の3年間、日本一の座「名人位」につく。現在は論理力、記憶力、没頭力を同時に上げるエキスパートとして全国各地で講演活動も行っている。オンライン個別指導塾「となりにコーチ」の代表講師として、15年間で1000人以上、小学生から社会人までマンツーマン指導し、受講生の95.7％を成績アップに導く。2022年、一人一人の記憶の特性を診断する「認知特性」の研究者として、「本田式認知特性研究所」の立ち上げメンバーとなる。JADP認定メンタル心理カウンセラー®。

科学的アプローチで勉強がとまらなくなる
ストレスフリー勉強法

2024年9月10日　第1刷発行

著　者――粂原圭太郎
発行所――ダイヤモンド社
〒150-8409　東京都渋谷区神宮前6-12-17
https://www.diamond.co.jp/
電話／03･5778･7233（編集）　03･5778･7240（販売）
装丁――西垂水敦（krran）
本文デザイン―大谷昌稔
製作進行――ダイヤモンド・グラフィック社
印刷・製本―勇進印刷
編集担当――武井康一郎

ISBN 978-4-478-12056-9